Klett Lektürehilfen

Wolfgang Herrndorf

Tschick

von Wolfgang Pütz

Klett Lerntraining

Dr. Wolfgang Pütz, Gymnasiallehrer für die Fächer Deutsch und Französisch und Lehrbeauftragter für die Didaktik des Französischen an der Universität Köln.

Die Textzitate folgen der Ausgabe: Wolfgang Herrndorf, Tschick. Roman, 31. Aufl., Reinbek bei Hamburg: Rowohlt Taschenbuch Verlag 2014.

Bibliografische Information der Deutschen Bibliothek
Die Deutsche Bibliothek verzeichnet diese Publikation in der Deutschen Nationalbibliografie; detaillierte bibliografische Daten sind im Internet über http://dnb.ddb.de abrufbar

2. Auflage 2016

Dieses Werk folgt der reformierten Rechtschreibung und Zeichensetzung. Ausnahmen bilden Texte, bei denen künstlerische, philologische oder lizenzrechtliche Gründe einer Änderung entgegenstehen.

www.klett-lerntraining.de
Redaktion: Günter Maier
Umschlagfoto: picture-alliance/dpa © dpa-Report
Satz: DOPPELPUNKT, Stuttgart
Druck: Medienhaus Plump, Rheinbreitbach
Printed in Germany
ISBN: 978-3-12-923102-9

Inhalt

Der Autor Wolfgang Herrndorf und sein Werk

Biographie

- Ein besonderer Mensch
- Ein ungewöhnliches Leben
- Ein außerordentliches Werk

Vom Maler zum Schriftsteller

Krankheit und Tod des Schriftstellers

Wolfgang Herrndorf wurde am 12. Juni 1965 in Hamburg geboren und wuchs nach eigenen Angaben in einer kleinbürgerlichen Familie auf. Im Alter von 48 Jahren nahm er sich am späten Abend des 26. August 2013 am Ufer des Berliner Hohenzollernkanals das Leben, als der bösartige Hirntumor, der 2010 bei ihm festgestellt worden war, keine Aussicht auf Heilung mehr zuließ. Der Schriftsteller wurde auf dem Dorotheenstädtischen Friedhof beigesetzt, wo unter anderem auch die Grabstätten des Dichters und Dramatikers Bertolt Brecht (1898–1956), des Theologen und Widerstandskämpfers Dietrich Bonhoeffer (1906–1945) und des Philosophen Georg Wilhelm Friedrich Hegel (1770–1831) sowie vieler weiterer berühmter Personen zu finden sind.

Anfänge als Maler

Nach dem Studium der Malerei an der Akademie der Bildenden Künste in Nürnberg arbeitete Herrndorf als Illustrator und Autor für das Fanzine *Luke & Trooke*, das in den Jahren 1995–1998 in Münster erschien. Dabei handelt es sich um ein Magazin, dessen Comics und Artikel von Fans für Fans erstellt und sowohl in Druckversionen als auch in elektronischen Ausgaben im Internet veröffentlicht werden. Außerdem gehörte Herrndorf zu den Mitarbeitern der bekannten, 1979 gegründeten Satirezeitschrift *Titanic*, die einmal monatlich mit einer Auflage von knapp 100 000 Exemplaren in Berlin erscheint.

Veröffentlichungen vor der Krebsdiagnose

Im Jahre 2002 veröffentlichte der Verlag Zweitausendeins Herrndorfs ersten Roman *In Plüschgewittern*. Danach erschienen der Kurzgeschichtenband *Diesseits des Van-*

Allen-Gürtels (2004) sowie die Erzählung *Die Rosenbaum-Doktrin* (2007).

Tschick und *Sand:* Literarische Erfolge nach der Erkrankung

Nach der Krebsdiagnose verfasste der nach wie vor weitgehend unbekannte Autor den Roman *Tschick* (September 2010), der bald zu einem Weltbestseller wurde. Es folgten der Spionagethriller *Sand* (November 2011), für den Herrndorf 2012 der Leipziger Buchpreis zugesprochen wurde. 2008 hatte er unter anderem bereits den Deutschen Erzählerpreis für *Diesseits des Van-Allen-Gürtels*, 2011 den Clemens-Brentano-Preis sowie den Deutschen Jugendliteraturpreis für *Tschick* und 2012 den Hans-Fallada-Preis erhalten.

Bilder deiner großen Liebe: ein Romanfragment

Aus Anlass seines fünfzigsten Geburtstags liegt seit Anfang Juni 2015 eine Gesamtausgabe von Herrndorfs Werk vor. Sie enthält auch den unvollendeten Roman *Bilder deiner großen Liebe* (2014), der entgegen der ursprünglichen Absicht des schwerstkranken Schriftstellers von dessen Freunden Marcus Gärtner und Kathrin Passig bearbeitet und nach seinem Tod veröffentlicht werden sollte. Hauptfigur dieses Fragments ist eben jene Isa (Schmidt), die für den Ich-Erzähler Maik Klingenberg in *Tschick* zur Lichtgestalt wird. Für die Journalistin Iris Radisch gehört die nachgelassene Geschichte dieses vierzehnjährigen Mädchens, „das barfuß durch Deutschland rennt, auf Müllhalden nach Essbarem sucht, im Freien schläft und manchmal sehr unvierzehnjahrehafte Sätze sagt wie: ‚Der Abgrund zerrt an mir. Aber ich bin stärker'", in die „Liga der weltberühmten Außenseiterromane" (I. Radisch, „Und Engel gibt es doch", in: *Die Zeit,* 19. September 2014; http://www.zeit.de/2014/39/wolfgang-herrndorf-roman).

Zur Entstehung des Romans *Tschick*

Arbeit und Struktur: Tagebuch eines Totkranken

Als bei Wolfgang Herrndorf im Februar 2010 ein bösartiger Hirntumor festgestellt wurde, begann der Schriftsteller ab dem 8. März desselben Jahres damit, über das Blog mit dem Titel *Arbeit und Struktur* ein digitales Tagebuch zu führen, das nach Herrndorfs Tod am 26. August 2013 in Buchform erschien. Immer wieder beschäftigte er sich darin mit der Frage, wie viel Lebenszeit ihm die unheilbare Krankheit noch lassen würde. Aus diesem Tagebuch geht hervor, dass der Autor Anfang März 2010 den Entschluss fasste, einen Jugendroman fertigzustellen, den er sechs Jahre zuvor begonnen, aber nicht abgeschlossen hatte (vgl. Wolfgang Herrndorf, *Arbeit und Struktur*, 3. Aufl., Berlin: Rowohlt 2013, S. 22). Am selben Tag des entsprechenden Eintrags, also am 13. März 2010, fügte er hinzu: „Gib mir ein Jahr, Herrgott, an den ich nicht glaube, und ich werde fertig mit allem. (geweint)" (ebd.).

Tschick: Schreiben gegen die Krankheit und gegen die Zeit

Herrndorf überarbeitete zunächst die bereits vorhandenen Texte und nahm sich am 28. März vor, von diesem Datum an jeden Tag ein Kapitel zu schreiben und das Projekt nach 52 Tagen beendet zu haben (vgl. ebd., S. 35). Durch die schweren Nebenwirkungen der Krebsbehandlung vermochte er zwar die eigene Zeitvorgabe nicht genau einzuhalten, doch konnte er am 12. Juni 2010 notieren, dass die mit ihm befreundete Schriftstellerin Kathrin Passig „zum Korrekturlesen für den fertigen Roman vorbei[komme]" (ebd., S. 64). Am 14. Juli vermerkte er die Abgabe des Manuskripts beim Hamburger Rowohlt-Verlag, von dem er am 11. September „das erste Exemplar von ‚Tschick' mit der Post" (ebd., S. 90) erhielt. Nachdem er noch am 8. Oktober festgestellt hatte, dass *Tschick* seit drei Wochen auf dem Buchmarkt sei, ohne dass auch nur eine einzige Zeitung auf den Roman reagiert habe (vgl. ebd., S. 150), erhöhten sich die Verkaufszahlen so stark, dass schon im Oktober 2010 die zweite Auflage gedruckt wurde.

Tschick: Bestseller wider Erwarten

Anfang November hatte Wolfgang Herrndorf „durch ‚Tschick' Geld wie Heu auf dem Konto" (ebd., S. 157) und wurde während des laufenden Monats „praktisch jeden Tag" vom Verlag angerufen, der ihm „neue Auflagen meldet[e]" (ebd., S. 161). Am 15. Januar 2011 schrieb er, dass gerade über die Filmrechte verhandelt und er damit sehr viel zusätzliches Geld erhalten werde. Die Aussicht auf Reichtum kommentiert er jedoch mit den Worten:

> „Und das ist vielleicht der Punkt, wo ich dann doch so eine Art von Ressentiment empfinde: 25 Jahre am Existenzminimum rumgekrebst und gehofft, einmal eine 2-Zimmer-Wohnung mit Ausblick zu haben. Jetzt könnte ich sechsstellige Summen verdienen, und es gibt nichts, was mir egaler wäre." (Ebd., S. 182)

Zum selben Zeitpunkt begann der Autor mit der Arbeit an dem nächsten Roman, der später unter dem Titel *Sand* publiziert wurde.
Seit der Erstveröffentlichung am 17. September 2010 liegt *Tschick* momentan in der 46. Auflage (Stand Oktober 2015) vor. Im Jahr 2013 war der Roman der meistgelesene Titel in Deutschland.

Private Einblicke in die Arbeit an *Tschick*

Die Tagebucheintragungen enthalten gelegentlich interessante Kommentare des Verfassers und Hinweise zu seiner Arbeitsweise. So schreibt er am 28. April 2010 nach einer Phase, in der das Schreiben infolge einer langen Strahlentherapie nur langsam voranging:

Zwischen Heiterkeit, …

> „Endlich schleppt sich die Romanhandlung raus aus Berlin. Der Lada ist fachmännisch kurzgeschlossen, und grad hab ich die Jungs auf die Autobahn gejagt und mich unter den Tisch gelacht über den Einfall, dass sie keine Musik hören können. In Gegenwartsjugendliteratur ist es zwingend notwendig, die Helden identitätsstiftende Musik hören zu lassen […].“ (Ebd., S. 49)

Neben dieser kritischen Anmerkung zu den Stereotypen moderner Jugendliteratur, in der die Verfasser bestimmte Klischees bedienen, um sich dem Publikumsgeschmack anzupassen, äußert sich Herrndorf auch zum Verhältnis von Kunst und Wirklichkeit, so am 11. Mai 2010:

… Melancholie …

> „Der ungeheure Trost, der darin besteht, über das Weltall zu schreiben. Heute die Szenen mit dem Sternenhimmel, mit Starship Troopers und der Entdeckung der Nacht eingebaut. Wie der Held sich erinnert, mit acht Jahren in der Dunkelheit durch den Hogenkamp gejoggt zu sein, die einzige wirklich autobiographische Stelle. Warum ist der Anblick des Sternenhimmels so beruhigend? Und ich brauche nicht einmal den Anblick. Vorstellung und Beschreibung reichen. Als ich noch auf der Kunstakademie war, war das immer mein Einwand gegen die Abstraktion: der Himmel.“ (Ebd., S. 55 f.)

… und Zweifeln

Die Aufzeichnungen geben außerdem wiederholt Informationen über die Zweifel, die den Verfasser während der Niederschrift des Werks in Bezug auf den erhofften Erfolg von *Tschick* erfassen. So schreibt er am 25. April 2010:

> „Ob die mühsam zusammengeschraubten Kapitel der letzten Wochen etwas taugen, weiß ich nicht. Der Anfang des

> Romans war leicht, der war ja auch am weitesten, aber immer spürbarer wird jetzt zur Mitte hin das Problem, die Fäden in der Hand zu behalten. Warum geht es dem Jungen zwei Kapitel scheiße, und dann beginnt das nächste Kapitel mit Aufbruch und Begeisterung? Unterbricht die Sache mit dem Vater nicht den Lesefluss komplett? Mit fehlt die Übersicht, und ich wage es nicht, diese Probleme auf eine Schlusskorrektur zu verschieben." (Ebd., S. 48)

Nachdem schon Kathrin Passig die erste Hälfte des Romans mittelmäßig gefunden (vgl. ebd., S. 60) und sich schließlich eine weitere Person beim Lesen des vollständigen Manuskripts enttäuscht gezeigt hatte, verstärkten sich die Zweifel bis hin zur relativen Gewissheit am 27. Juli 2010: „Heute Morgen […] letzte Korrekturen am Telefon. Zuvor schon bei der Presseabteilung Lesungen, Reisen, Interviews und Porträts abgelehnt. Vielleicht sollte ich das noch mal überdenken. Das Ding wird untergehen wie ein Stein, und dann bin ich auch unglücklich die nächsten Wochen." (Ebd., S. 71 f.)

Herrndorf hielt *Tschick* zu diesem Zeitpunkt für ein Produkt von schlechter Qualität:

> „Erinnere mich, wie ich im März in den ersten warmen Nächten am offenen Fenster saß, arbeitete und dachte, es ist eine Sache auf Leben und Tod. Und das war es vielleicht auch. Aber es hat sich im Roman nicht abgebildet. Stilistisch fragwürdige Pennälerprosa mit Allerweltseinfällen, als Ganzes strukturlos. Auch die letzte Szene – wen interessiert's?" (Ebd., S. 71)

Tschick: Poetische Huldigung an das Leben und Kraftakt gegen den Tod

Wenn man nach der Lektüre von *Arbeit und Struktur* nicht nur weiß, dass der Roman ein Bestseller wurde, in über 20 Sprachen übersetzt wurde und heute auf dem besten Weg ist, zu einem Klassiker der Schullektüre zu werden, so gewinnt man einen Eindruck davon, dass einem solch gewaltigen Erfolg nicht die absolute Selbstsicherheit des Autors vorausgeht. Wenn man außerdem weiß, dass *Tschick* das Werk eines langsam Sterbenden ist, der damit gegen den Tod anschrieb und sich mit ungeheurer Selbstdisziplin zwang, das Werk trotz schwerster Hindernisse zu vollenden, so muss man Wolfgang Herrndorf zusätzlich größte Bewunderung für seine Leistung entgegenbringen.

Rezeption und Wirkung

Ein Jugend- und Reiseroman auf dem Weg zum Klassiker der Gegenwartsliteratur

Der Rowohlt Taschenbuch Verlag stellt seiner Ausgabe von *Tschick* eine Doppelseite mit Reaktionen von Presse und Rundfunk voran. Ihnen allen ist eine große und einhellige Begeisterung über ein Werk gemeinsam, dem herausragende Qualitäten zugesprochen werden. Der Autor erhielt für seinen Bestseller mehrere Literaturpreise, so auch im Jahre 2011 den Deutschen Jugendliteraturpreis, dessen Begründung mit den Worten schließt: „*Tschick* ist ein Abenteuer- und auch ein Bildungsroman, mit dem Herrndorf die Modernisierung seiner Kindheitslektüren perfekt gelungen ist. Das feine Gespür des Autors für jugendrelevante Themen, komische Dialoge, der jugendlich-authentische Erzählton und der bis zum filmreifen Finale konsequent durchgehaltene Spannungsbogen machen den Roman herausragend." (http://www.djlp.jugendliteratur.org/jugendbuch-3/artikel-tschick-129.html)

Nach Felicitas von Lovenberg (*Frankfurter Allgemeine Zeitung*, 27. August 2013) verdanken wir dem Autor

> „einen Roman, der zu den raren Büchern gehört, die einen durchs Leben begleiten, weil all das, was man sonst besser fühlen als sagen kann, darin enthalten ist: Überschwang und Wehmut, Glück und Freundschaft, Einsamkeit und Endlichkeit, überwölbt von der Sehnsucht nach dem einen, alles beglaubigenden Augenblick."

Zugleich rühmt sie die „Zartheit [...], die eine Kameradschaft, Zugehörigkeit und Identifikation erzeugt, der sich kein Leser entziehen kann und will".

Der Roman in Film und Theater

Unter der Regie von Fatih Akin entsteht zurzeit eine Verfilmung; der Film soll im September 2016 in die Kinos kommen.

Auf zahllosen deutschen Theaterbühnen war und ist die Inszenierung des Dramaturgen Robert Koal zu sehen, die am 19. November 2011 im Dresdner Schauspielhaus uraufgeführt wurde. In den folgenden Spielzeiten 2012/13 und 2013/14 war die Bühnenfassung des Romans das meistgespielte Theaterstück in Deutschland.

Die Romanhandlung

Tschick handelt von dem langwierigen, aber erfolgreichen Versuch eines jungen Menschen, in seiner Familie und in der Schule endlich die Zuneigung und Achtung zu finden, die er sich über viele Jahre hinweg vergeblich ersehnte. Schon das Motto, das dem Roman vorangestellt ist, weist indirekt auf die Hölle mangelnder Anerkennung hin. Der Dialogtext stammt aus dem US-amerikanischen Film *Welcome to the Dollhouse* (dt.: *Willkommen im Tollhaus*) aus dem Jahre 1995, in dem der Regisseur Todd Solondz (geb. 1959) die tragikomische Geschichte der elfjährigen Dawn Wiener erzählt. Das Mädchen kämpft zwar mit viel Mut und Intelligenz, doch bis zum Ende der Filmhandlung vergebens gegen die ständigen Demütigungen und tiefen seelischen Verletzungen durch seine Eltern, Lehrer und Mitschüler. Als das Kind einmal seiner Mutter berichtet, dass es sich zur Wehr gesetzt habe („I was fighting back"), antwortet diese lediglich mit der herablassenden und ignoranten Frage, wer die Tochter zum Widerstand veranlasst habe: „Who ever told you to fight back?" Nach Wolfgang Herrndorfs *Arbeit und Struktur* (S. 49) handelt es sich bei *Welcome to the Dollhouse* um seinen Lieblingsfilm.

Aufbau

➟ Rahmenhandlung (Anfangs- und Schlussteil des Romans) und Binnenhandlung (Mittelteil Kap. 19–44) ➟ Erzählte Gegenwart (Wohnort Großstadt Berlin) und erzählte Vergangenheit (Reise durch die ostdeutsche Provinz)	Verzicht auf chronologisches Erzählen

Zeitraum der Handlung: Sommer 2010

Das Geschehen erstreckt sich im Kern über zwei Monate des Jahres 2010, die in insgesamt 49 Kapiteln erzählt werden. Ausgehend von dem Zeitpunkt, den Maik den Freunden Tschick und Isa für ein erneutes Treffen auf dem „Berg" (173) in fünfzig Jahren vorschlägt („17. Juli, um fünf Uhr nachmittags, 2060", 175), lassen sich die Vorgeschichte und der Verlauf der Reise in einem gestohlenen Lada vom letzten Schultag vor den Sommerferien bis zu dem schweren Unfall auf der Autobahn genau datieren.

Die Erinnerung an die zehntägige Fahrt in einem russischen Geländewagen bildet die Binnenhandlung des Romans. Die Rahmenhandlung beginnt mit Maiks Aufenthalt in einer Polizeistation (Kap. 1) und in einem Krankenhaus (Kap. 2–4) und endet mit dem weiteren Verlauf der Ereignisse nach dem schweren Unfall (Kap. 45–49).

Die Kapitel 5–11 enthalten einzelne Rückblicke auf Maiks Zeit als Kind im Kindergarten und als Schüler in der weiterführenden Schule in den Klassen 5–8.

Erzählte Gegenwart

Rahmenhandlung 2010: 20. Juli und Folgetage

Kap. 1: Di, 20. Juli 2010
Aufenthalt des schwerverletzten Maik auf einer Polizeistation nach dem schweren Unfall

Kap. 2–4: Tage nach dem 20. Juli 2010
Aufenthalt in einer Klinik, Versorgung durch Ärzte und Krankenschwestern

Erzählte Vorvergangenheit

Rückblende (1): Schulzeit 2006–2010

Kap. 5: etwa 2006 und 2009
Ende der Kinderfreundschaft mit Paul, Verliebtsein in die Mitschülerin Tatjana Cosic ab der Klasse 7

Kap. 6: Sommer 2007
Erinnerung an den ‚skandalösen' Aufsatz über die eigene Mutter in der Klasse 6

Kap. 7: Schuljahr 2007/2008
Erinnerung an einen Schulausflug im Biologieunterricht, Herabwürdigung Maiks durch André Langin

Kap. 8: vermutlich Schuljahr 2009–2010
Erinnerung an frustrierende Erfahrungen im Sportunterricht

Kap. 9–11: nach den Osterferien des Schuljahres 2009/2010
Erinnerungen an Tschicks erstes Erscheinen und an sein Verhalten im Unterricht

Binnenhandlung/Rückblende (2): 8. Juli – 20. Juli 2010

Erzählte Vergangenheit

Kap. 12 und 13: Do, 8. Juli
Letzter Schultag, erstes Gespräch mit Tschick, Maiks Abschied von den Eltern, Verabschiedung der vietnamesischen Haushaltshilfe, Tschicks erster Besuch bei Maik

Kap. 14–17: Fr, 9. Juli
Beginn der Sommerferien in Berlin, Tschicks zweiter Besuch bei Maik, erste Autofahrt im Stadtviertel, Spontanbesuch bei Tatjanas Geburtstagsparty in Werder bei Potsdam

Kap. 18 und 19: Sa, 10. Juli
Gemeinsamer Ferientag in Maiks Elternhaus, Tschicks Vorschlag zu einer Reise in die Walachei

Kap. 20 und 21: So, 11. Juli
„Independance Day" (111); Abreise in der „Nacht auf Sonntag", am Nachmittag stundenlanger Aufenthalt an einer Kuhweide während eines Unwetters

Kap. 22 und 23: Mo, 12. Juli
Fahrversuche von Maik, Frühstück in einem kleinen Ausflugsort, Begegnung mit dem Mitschüler Lutz Heckel und dessen Vater, Aufenthalt auf einem Berg während einer sternenklaren Nacht

Kap. 24–26: Di, 13. Juli
Begegnung mit der Jugendgruppe „Adel auf dem Radel", Mittagessen in der Großfamilie von Friedemann, Trennung der Freunde nach Verfolgung durch einen Polizeibeamten

Kap. 27: Mi, 14. Juli
Maiks nächtlicher Aufenthalt auf dem Berg, ganztägiges Warten auf den Freund, Wiedersehen mit Tschick

Kap. 28–31: Do, 15. Juli
Fahrt auf der Autobahn, Aufenthalt an einer Raststätte, Fußmarsch zu einer Mülldeponie, Begegnung mit Isa, abendliche Rückkehr zur Tankstelle, Benzindiebstahl mit Isas Hilfe

Kap. 32: Fr, 16. Juli
Weiterfahrt mit Isa, Aufenthalt an einem Stausee

Kap. 33 und 34: Sa, 17. Juli
Intimes Gespräch zwischen Maik und Isa, Aufstieg der drei Jugendlichen auf einen hohen Berg, Isas Abschied und Abreise nach Prag

Kap. 35–39: So, 18. Juli
Ankunft in einem Tagebaugebiet, Aufenthalt bei Horst Fricke, erster Unfall im freien Gelände, Hilfsangebot der Sprachtherapeutin, Aufenthalt am „Sonntagabend" (199) in der Notaufnahme eines Krankenhauses, vorübergehend noch in Anwesenheit der Sprachtherapeutin

Kap. 40–42: Mo, 19. Juli
Flucht aus der Klinik, Tschicks Bekenntnis zur eigenen Homosexualität, Weiterfahrt auf der Autobahn, Maiks Erinnerung an eine denkwürdige Nacht in seiner Kindheit

Kap. 43 und 44: Di, 20. Juli
Zweiter Unfall auf der Autobahn

Erzählte Gegenwart

Rahmenhandlung: Tage ab etwa 20. August

Kap. 45: „vier Wochen" (231) nach dem Unfall
Auseinandersetzung mit dem gewalttätigen Vater

Kap. 46
Gerichtsverhandlung

Kap. 47
Erste Schulstunde am ersten Schultag in der Klasse 9c, Informationsaustausch mit Tatjana Cosic, Enthüllung des Zettelaustauschs und Bloßstellung von Maik und Tatjana durch den Geschichtslehrer Wagenbach, Eintreffen des Schulleiters in Begleitung zweier Polizeibeamter

Kap. 48
Befragung Maiks durch die Polizei wegen eines Fahrzeugdiebstahls

Kap. 49
Erhalt eines Briefes von Isa, die ein Wiedersehen am Sonntag, 29. (August 2010?) um 17 Uhr vorschlägt, Schlussszene mit der Mutter im Swimmingpool

Die Kapitel

→ Ich-Erzähler Maik Klingenberg wird nach einem Unfall von der Polizei befragt. → Knappe Rückblenden berichten über Personen aus seinem bisherigen Leben. → Nach dem Anblick seiner Wunde verliert der Ich-Erzähler das Bewusstsein.	Kap. 1: In einer Station der Autobahnpolizei

Offener Beginn

Die Romanhandlung beginnt ganz unvermittelt mit einer Szene, in welcher der Leser nur in Bruchstücken über die Ausgangssituation informiert wird: Der vierzehnjährige Ich-Erzähler Maik Klingenberg, Schüler einer 8. Klasse am Hagecius-Gymnasium in Berlin, berichtet von seinem Aufenthalt auf einer Station der Autobahnpolizei, wo sich ein älterer und ein jüngerer Polizeibeamter um ihn kümmern. Aus den Wahrnehmungen und Gedanken des Protagonisten geht hervor, dass er offenbar nach einem Unfall, den er zusammen mit einem gewissen Tschick auf der Autobahn verursacht hat, erheblich verletzt ist und zu seiner Person befragt wird. In knappen Rückblenden erfährt der Leser von Personen, die im Leben des Ich-Erzählers eine mehr oder minder wichtige Rolle einnehmen, so etwa von der bildschönen Mitschülerin Tatjana Cosic oder von dem angeblich siebzigjährigen Sportlehrer Wolkow. Mädchennamen wie Natalie, Lena und Kimberley tauchen in der Erinnerung an eine Sportunterrichtsstunde auf, bevor der Junge beim Anblick seiner tiefen Wunde am Unterschenkel das Bewusstsein verliert, vom Stuhl kippt und sich am Kopf verletzt.

Kap. 2–4: Im Krankenhaus	➟ Maik wechselt zwischen kurzen Wachzuständen und langen Schlafphasen. ➟ Seine Wunden werden behandelt. ➟ Er weist den Verdacht, dass ihm seine Kopfverletzung von der Polizei zugefügt worden sei, zurück.

Maik im Dämmerzustand

Als Maik aus seiner Ohnmacht erwacht, befindet er sich im Zimmer eines Krankenhauses, wo ein Polizist von einem Arzt lautstark auf die Kopfverletzung des Patienten hingewiesen wird. Unter dem Einfluss eines Beruhigungsmittels sinkt Maik Klingenberg wiederholt in den Schlaf zurück, um lediglich in kurzen Phasen des Wachseins wahrzunehmen, wie der Arzt und eine Krankenschwester ihn medizinisch versorgen.

Maiks Lieblingskrankenschwester

In den Folgetagen genießt er die Fürsorge junger Krankenschwestern, insbesondere diejenige der aus dem Libanon stammenden Schwesternschülerin Hanna, die täglich seine Wundverbände wechselt und sich oft mit ihm unterhält.

Kritische Fragen des Arztes

Von dem ihn behandelnden Arzt erfährt er, dass die Verletzung am Unterschenkel weitgehend ausheilen, jedoch wahrscheinlich eine Narbe zurückbleiben wird. Den Arzt interessiert vor allem die Herkunft der Kopfverletzung, von der er wohl annimmt, dass sie dem jungen Patienten auf der Polizeistation zugefügt wurde. Maik weist diesen Verdacht strikt zurück, indem er glaubhaft versichert, dass die Wunde am Kopf beim Sturz vom Stuhl infolge eines Ohnmachtsanfalls entstanden sei.

Kap. 5–8: Erinnerungen an die frühe Schulzeit	➟ Maik verlor mit dem Beginn der Gymnasialzeit seinen einzigen und langjährigen Freund Paul. ➟ Er verliebte sich im 7. Schuljahr in die Mitschülerin Tatjana Cosic. ➟ Als Einzelgänger und Außenseiter freute er sich über den Erfolg, den er mit einem Aufsatz über seine Mutter bei den Mitschülern erzielte. ➟ Er galt in der Klasse ansonsten als langweilig. ➟ Auch sportliche Höchstleistungen verhalfen ihm nicht zur ersehnten Anerkennung.

Ohne Übergang wechselt der Ich-Erzähler vom Bericht über Ereignisse der jüngeren Vergangenheit zu Erinnerungen an das, was den Ereignissen vorausging. Die Vergegenwärtigung dieser ferneren Vergangenheit beginnt mit der Zeit, als er in ein Gymnasium eingeschult wurde und sich von Paul, seinem einzigen Freund aus Kindergartenzeiten, trennen musste, weil dessen Mutter vom großstädtischen Wohnort in eine naturnahe Region umziehen wollte. Maiks Bemühungen, den Kontakt zu Paul durch gelegentliche Besuche über die räumliche Distanz hinweg aufrechtzuerhalten, scheitern schließlich an der immer größer werdenden inneren Distanz zwischen den beiden Kindern, die völlig unterschiedliche Interessen entwickeln.

Erinnerung an Paul, den einzigen Freund aus Kindertagen

Maiks Interesse an der vierzehnjährigen Tatjana Cosic, das in der Klasse 7 erwacht, bildet den nächsten Schwerpunkt der Erinnerungen. Er weiß von ihr, dass sie 1,65 m groß ist und aus Serbien oder Kroatien stammt, also aus einem der südosteuropäischen Balkan-Staaten, die sich nach dem Zerfall Jugoslawiens ab 1991 gebildet haben.

Erinnerung an die erste Wahrnehmung der Traumfrau Tatjana

Eine weitere Erinnerung gilt einem Aufsatz, mit dem Maik, ansonsten ein eher isolierter Außenseiter, im Deutschunterricht der Klasse 6 bei den Mitschülern Begeisterung, bei dem Deutschlehrer hingegen Empörung erzeugt hat. Ausgehend von den vier vorgegebenen Schlüsselwörtern „Urlaub", „Wasser", „Rettung" und „Gott" hatte er auf vielen Seiten unter dem Titel „Mutter und die Beautyfarm" zunächst davon erzählt, wie er unter Anleitung seines ehemaligen Grundschullehrers Wilhelm Bretfeld während der gesamten Sommerferien im Keller Bumerangs gebastelt hatte. Der Hinweis auf diese für ihn sehr motivierende Aktivität bildet aber lediglich den Auftakt für eine Darstellung seiner Familie: Während sein Vater Josef Klingenberg, ein freiberuflich tätiger Immobilienhändler, versucht, den drohenden Konkurs seines Maklerbüros zu verhindern, ist seine alkoholabhängige Mutter erneut in einer Klinik zur Behandlung ihrer Suchterkrankung. In dem Aufsatz erzählt Maik davon, wie die ursprünglich sportliche Frau durch ihren häufigen Alkoholmissbrauch immer öfter zu Aufenthalten in Kliniken gezwungen war, die sie selbst in ironischer Weise als Schönheitsfarmen be-

Erinnerung an einen einzigen unterrichtlichen Erfolg in der Klasse 6 zeichnete. Die witzige Darstellung der bizarr wirkenden psychologischen Therapien lässt die ‚Klasse vor Begeisterung durchdrehen', doch muss Maik sich von dem Deutschlehrer Schürmann vorhalten lassen, dass der Aufsatz das „Widerwärtigste und Ekelerregendste und Schamloseste [wäre], was ihm in fünfzehn Jahren Schuldienst untergekommen sei" (32), weil er die eigene Mutter lächerlich gemacht habe.

Erinnerung an die Herabsetzung durch einen Mitschüler

Das Gefühl der persönlichen Erniedrigung kennt der Ich-Erzähler auch aus einer bestimmten Begegnung mit dem Mitschüler André Langin, der ihn während eines Schulausflugs in der Klasse 7 vor mehreren Mädchen als „Schlaftablette" (35) bezeichnete.

Erinnerung an das unrühmliche Ende einer sportlichen Ruhmesleistung

Auch eine sportliche Glanzleistung beim Hochsprung, von der Maik erzählt, verhalf ihm nicht zu der ersehnten Anerkennung bei den Mädchen. Während einer für ihn denkwürdigen Unterrichtsstunde im Fach Sport hatte er alle männlichen Konkurrenten, unter ihnen das „Mathegenie" (39) Kevin sowie ein Junge namens Patrick, übertroffen, doch hatten Tatjana und deren Freundin Natalie, die zu diesem Zeitpunkt ebenfalls auf dem Sportgelände der Schule anwesend waren, ihn im Moment seines Triumphs überhaupt nicht beachtet.

Kap. 9–12: Andrej Tschichatschow	➟ Als Spätaussiedler ohne deutsche Sprachkenntnisse gelangte Andrej, genannt Tschick (als Kurzform seines russischen Nachnamens), nur über schulische Umwege ins Gymnasium. ➟ Er wurde erst mit 14 Jahren in die Klasse 8c am Berliner Hagecius-Gymnasium aufgenommen. ➟ Er zeigte sich dort völlig unangepasst und galt als schwieriger Schüler mit dunklen Beziehungen. ➟ Am letzten Schultag vor den Sommerferien sucht er Kontakt zu Maik, wird aber zurückgewiesen.

Maiks Vorurteile gegenüber dem „Asi" (41) Tschick: fremdartiges, heruntergekommenes Erscheinungsbild und Verstoß gegen Verhaltensnormen

Auch die Erinnerung an die erste Begegnung mit dem späteren Freund Andrej Tschichatschow ist negativ. Der als autoritär geltende Geschichtslehrer Wagenbach stellt ihn den Schülerinnen und Schülern der Klasse 8 nach den Osterferien als neuen Mitschüler vor. Der Junge trägt zu diesem Zeitpunkt nach den Beschreibungen des Ich-Erzählers billige und abgenutzte Kleidung und

hat mit seinen hohen Wangenknochen und seinen Schlitzaugen ein fremdartiges Aussehen. Er zeigt ein abweisendes und respektloses Verhalten, indem er die Fragen des Lehrers zu seiner Person unbeantwortet lässt, so dass dieser gezwungen ist, die Herkunft und den schulischen Werdegang Andrejs selbst zu skizzieren.
Demnach stammt er aus einer deutschen Familie, wurde aber in Russland geboren, von wo er mit seiner Familie im Alter von vier Jahren ausreiste. Obwohl er die deutsche Sprache nicht beherrschte und nur Russisch sprach, gelangte er von einer Förderschule nach Zwischenstationen in einer Haupt- sowie in einer Realschule relativ schnell ins Gymnasium. Der Geruch seines Atems verrät, dass er offenbar bereits an Alkohol gewöhnt ist. Sein merkwürdiges Aussehen und seine Verschlossenheit veranlassen die anderen zu abenteuerlichen Spekulationen über seinen Wohnort und über seine Lebensführung. Als es Andrej trotz seines noch fast kindlichen Alters gelingt, ältere Schüler der Oberstufe, die ihn ständig provozieren, mit wenigen Worten zum Schweigen zu bringen, verstärken sich die Gerüchte über seine Zugehörigkeit zur russischen Mafia.

Russlanddeutscher und Spätaussiedler

Alkoholmissbrauch des minderjährigen Schülers

Durchsetzungsfähigkeit gegenüber Anfeindungen

Die schulischen Leistungen des Jungen – etwa im Fach Mathematik – schwanken zwischen sehr schlechten und guten. Seine Deutung einer Parabel aus den *Geschichten vom Herrn K.* des Schriftstellers Bertolt Brecht (1898–1956) ist so abenteuerlich-phantastisch, dass der Deutschlehrer Wagenbach den Text unkommentiert und unbenotet lässt.

Auffällige Leistungsschwankungen in der Schule

Am letzten Schultag der Klasse 7 spricht Tschick den Ich-Erzähler auf dessen Jacke an. Das billige Kleidungsstück gefällt ihm nach eigenen Bekundungen so sehr, dass er es Maik abkaufen möchte. Dieser jedoch reagiert abweisend, auch auf die weiteren persönlichen Fragen des Mitschülers nach seinen Zeugnisnoten und nach seinen Plänen für den Tag. Ein Grund für diese ablehnende Haltung ist auch Maiks tiefe Enttäuschung darüber, dass er keine Einladung zur großen Geburtstagsparty von Tatjana Cosic am zweiten Tag der Sommerferien in der Nähe von Potsdam erhalten hat. In dreimonatiger Arbeit hatte er als Geschenk für das Mädchen eine Bleistift-

Erste direkte Begegnung zwischen Tschick und Maik

Maiks Frustration und Einsamkeit

zeichnung der US-amerikanischen Pop-Sängerin Beyoncé nach einer Zeitschriftenvorlage angefertigt, um nun festzustellen, dass er neben weiteren Außenseitern der Klasse zu den wenigen gehört, die nicht an der ersehnten Feier teilnehmen können. Er ist verzweifelt und einsam.

Kap. 13: Die Familie Klingenberg	
	→ Die Eltern sind bei Maiks Rückkehr von der Schule nicht im Haus. → Ihr Sohn verbringt mehrere Stunden alleine in der elterlichen Villa und auf einem menschenleeren Spielplatz. → Der nervlich angespannte Vater zeigt sich bei seinem Eintreffen im Haus cholerisch und autoritär. → Die volltrunkene Mutter bricht zu einer vierwöchigen Entziehungskur auf. → Der Vater verlässt seinen Sohn für zwei Wochen, um mit seiner Geliebten Urlaub zu machen.

Erfolg und Misserfolg des Vaters

Als Maik nach Hause kommt, sind seine Eltern abwesend. Der Leser erfährt, dass der Vater finanziell ruiniert ist, nachdem er zehn Jahre lang vergeblich gegen Naturschützer prozessiert hat, die den Bau von 96 Einfamilienhäusern in Berlin-Marzahn mit gerichtlichen Mitteln verhindert hatten. Der ausbleibende Geldgewinn aus der Vermittlung der Wohnobjekte an Hauskäufer, die hohen Kosten des Rechtsstreits, der Ausstieg aus dem Projekt und die Spekulation mit Aktien haben nun dazu geführt, dass die Familie kein Einkommen und kaum mehr Vermögen besitzt.

Abschied von der alkoholisierten Mutter

Im Anschluss an einen Jogging-Lauf wird Maik von seinem Vater, der inzwischen ebenfalls zu Hause eingetroffen ist, daran erinnert, dass seine Mutter an diesem Tag erneut zu einem vierwöchigen Klinik-Aufenthalt aufbricht. Nachdem Maik sich von seiner völlig betrunkenen Mutter verabschiedet hat, informiert sein Vater ihn darüber, dass er ihn wegen eines Geschäftstermins für die Dauer von zwei Wochen allein lassen müsse; in

Der Vater auf Vergnügungstour

Wirklichkeit jedoch verbringt er diese Zeit mit seiner sehr jungen und schönen Assistentin Mona.

→ Maik und Tschick offenbaren sich gegenseitig ihre Gefühle im Hinblick auf die ausbleibende Einladung zu Tatjanas Geburtstagsparty. → Sie fahren spontan zum Ort der Party und gebärden sich dort als ‚wilde Jungs'. → Tschick entwickelt die Idee einer Urlaubsreise in die Walachei.	Kap. 14–18: Beginn der Freundschaft von Maik und Tschick

Tschicks erster Besuch in Maiks Elternhaus

Bereits am ersten Tag der Sommerferien erhält Maik überraschend Besuch von Tschick, der von dem Wohnhaus mit Swimmingpool beeindruckt ist. In ihren Unterhaltungen teilen sie sich auch – direkt oder indirekt – ihre jeweilige Enttäuschung darüber mit, dass sie nicht zu Tatjanas Party eingeladen sind.

Maiks Furcht vor neuen Herausforderungen

Am Folgetag, an dem es Maik gefühlsmäßig schon wieder besser geht, kommt Tschick erneut zu Besuch. Die eigentliche Sensation dabei ist, dass dieser in einem Lada Niva, einem russischen Geländewagen, vorfährt, den er gemeinsam mit seinem dreißigjährigen Bruder gestohlen hat, angeblich aber dem Besitzer wieder zurückgeben will. Trotz innerer Widerstände und ziemlich großer Angst begleitet Maik den Vierzehnjährigen bei einer Tour durch die nähere Umgebung. Auf die während der Fahrt von Tschick geäußerte Vermutung hin, dass er offenbar homosexuell sei, weil er nach außen keinerlei Interesse an Tatjana zeige, beweist Maik das Gegenteil, indem er Tschick seine Zeichnung von Beyoncé zeigt. Dieser erkennt in dem Riss, der das Porträt durchzieht, wie es tatsächlich um Maiks Gefühlslage steht. Er schlägt vor, das Bild der Mitschülerin trotz fehlender Einladung und trotz der Beschädigung als Geburtstagsgeschenk zu überreichen.

Bewältigung der ersten Mutprobe: Maiks und Tschicks sensationeller Kurzauftritt auf Tatjanas Geburtstagsfeier

Obwohl Maik nicht in den Vorschlag einwilligt, fährt er abends mit Tschick im Auto von Berlin nach Werder bei Potsdam, wo die Party bereits in vollem Gang ist. Als die beiden eintreffen, scheinen die Gäste den vor ihnen stehenden Andrej Tschichatschow nicht zu erkennen, weil er von Maik mit einer besseren Kleidung ausgestattet worden ist: Er trägt eine Sonnenbrille, Jeans, ein graues Jackett und seine Haare sind gegelt. Nachdem Maik der völlig verblüfften Tatjana Cosic seine Zeichnung übergeben hat, zeigt er sich wie von einer Last befreit. Zum Abschluss ihres spektakulären Besuchs beeindrucken die beiden Jungen die Partygäste noch mit einer rasanten Vorüberfahrt im Lada.

Zielpunkt Walachei: realer und zugleich symbolischer Ort einer unbekannten Ferne

Während eines Ego-Shooter-Computerspiels im Haus der Familie Klingenberg entwickelt der größere Mengen Bier trinkende Tschick am Abend des folgenden Tages die Idee, gemeinsam für längere Zeit zu verreisen und seinen Großvater in der Walachei, einer Region in Rumänien, zu besuchen. Maik bezweifelt zuerst das wirkliche Vorhandensein dieses Ortes, weil er den Begriff der Walachei bislang nur als umgangssprachlichen Ausdruck für eine weit entfernte und verlassene Gegend kannte. Doch eine Eingabe des Namens in einer Suchmaschine im Internet klärt ihn darüber auf, dass die Walachei tatsächlich als geographischer Raum in Südosteuropa existiert.

Kap. 19–23: Aufbruch in die Ferne	➟ *Tschick* als *road novel* ➟ Fluchtartiger Aufbruch als Ausbruch aus dem gewöhnlichen Lebensalltag: Maik zögert nicht mehr, in einem gestohlenen Fahrzeug die Abenteuerfahrt mit Tschick anzutreten. ➟ Räumliche Desorientierung: Ohne Landkarte und ohne Ortskenntnisse wählen sie absurde Richtungen für die Weiterfahrt. ➟ Sie nehmen bei einem längeren Halt die Schönheit und Unendlichkeit der Natur wahr.

On the road

Am folgenden Sonntagmorgen beladen beide den Geländewagen zu noch nächtlicher Stunde mit einigen für die Reise notwendigen Lebensmitteln und Getränken sowie mit Campingzubehör, bevor sie schließlich aufbrechen. Da sie keine Landkarte zur Verfügung haben, verlieren sie schon bald nach dem Verlassen der Berliner Vororte die Orientierung. Zudem erregen sie aufgrund ihres jugendlichen Alters die Aufmerksamkeit eines Autofahrers, so dass Tschick schließlich auf einem abgelegenen Feldweg groteske Täuschungsmanöver vollführt, um sich etwa durch Aufsetzen einer Sonnenbrille und durch eine Zigarette im Mund den Anschein eines Erwachsenen zu geben. Ebenso absurd sind die Versuche der Jugendlichen, die Weiterfahrt aufgrund ihrer fehlenden Ortskenntnisse nach völlig willkürlichen Systemen zu organisieren, indem sie etwa „nur noch Orte ansteuern, die mit M oder T anfingen" (107). Als sich ein Feldweg als Sackgasse erweist, steuert Tschick das Auto durch das angrenzende Weizenfeld. Ein heftiges Sommergewitter hindert sie an der Weiterfahrt, so dass sie im Auto übernachten müssen und erst am nächsten Tag die Fahrt fortsetzen können. Auf die Initiative von Tschick hin und unter seiner Anleitung verbringt Maik auf einer Wiese mehrere Stunden damit, das Autofahren und den Diebstahl von Fahrzeugen zu erlernen.

Wirre Wege

Zwangsstopp in freier Natur

In einem Dorf, das offenbar inmitten einer bei Touristen beliebten Ausflugslandschaft liegt, treffen die beiden vor einer Bäckerei zufällig auf ihren dickleibigen Mitschüler Lutz Heckel, dessen Vater ihnen in der Annahme, dass sie eine Fahrradtour machen würden, großzügig Brötchen schenkt. Der Anblick von zahlreichen Rentnern, die einem Reisebus entsteigen, versetzt den Ich-Erzähler in schwermütige Gedanken über die Vergänglichkeit des Lebens. Doch während der anschließenden ganztägigen Rast auf einer Bergwiese genießt er zusammen mit Tschick den Aufenthalt in der sommerlich hellen und warmen Natur. Angesichts des grandiosen Sternenhimmels entwickelt sich später zwischen ihnen ein nächtliches Gespräch über die ‚unbegreifliche Unendlichkeit' (vgl. 122) des Kosmos und über die Frage, ob außerhalb der Erde möglicherweise noch weitere Planeten von Lebewesen bewohnt sind.

Zufallsbegegnung mit Familie Heckel

Romantisches Naturerlebnis unter der Sommersonne und dem nächtlichen Sternenhimmel

Kap. 24 und 25: Begegnungen (1)

- Maik und Tschick treffen auf eine Gruppe von jungen Adligen, die mit dem Fahrrad unterwegs sind.
- Sie werden von der Mutter einer vielköpfigen Familie zum Mittagessen eingeladen.

Am nächsten Montagmorgen entdecken sie eine kleine Gruppe von Jugendlichen beim Frühstück, die in Begleitung eines Erwachsenen eine Fahrradtour machen und von sich behaupten, sie seien „Adel auf dem Radel" und führen „von Gut zu Gut". Obwohl diese kuriose Aussage

„Adel auf dem Radel" – Gegenbild zu den ‚Asis' im schrottreifen Auto und das uniforme, aber extravagante Aussehen der etwa Gleichaltrigen sie befremden, sind Maik und Tschick von deren merkwürdigem Auftreten so verunsichert, dass sie erst im Auto wieder ihr Selbstvertrauen zurückgewinnen.

Auf der Suche nach Essbarem begegnen sie mittags in einem winzigen Dorf einem zwölfjährigen Jungen namens Friedemann, der auf einem Holzfahrrad ohne Pedale fährt und nicht in der Lage ist, auf die Frage nach dem Weg zum Supermarkt eine angemessene Antwort zu geben. Zu ihrer Überraschung werden Maik und Tschick, die glauben, dass der Junge geistig behindert sei, von dessen Mutter spontan zum Mittagessen eingeladen.

Die Familie von Friedemann – idyllisches Gegenbild zu den Familien von Maik und Tschick

Die um den Tisch versammelte Familie umfasst außer den beiden Gästen aus Berlin und der Mutter mit ihrem Sohn noch weitere vier Kinder im Alter zwischen sechs und neun Jahren. Maik und Tschick fühlen sich in dieser Umgebung sehr wohl, bis sie bei der Vergabe ungleich portionierter Nachtischschalen beschämt werden. Über die Menge an Dessert, die jedes einzelne Kind erhält, entscheidet nämlich die schnellste und richtige Antwort auf eine Wissensfrage, so etwa die nach dem Namen des Schiffes, auf dem der geniale deutsche Naturforscher Alexander von Humboldt (1769–1859) im Jahre 1799 von Spanien aus nach Südamerika aufbrach. Der spielerische, aber auch hart ausgetragene Wettkampf um den meisten Nachtisch legt offen, dass alle Kinder – also auch Friedemann – bereits über umfassende Kenntnisse verfügen, während Maik und Tschick erst auf die sehr einfache Frage nach dem Namen der deutschen Hauptstadt eine Antwort wissen und so am Schluss den geringsten Anteil vom Dessert erhalten.

Kap. 26–28: Gegen Recht und Gesetz – Straftaten von Maik und Tschick	➡ Die Freunde entziehen sich dem staatlichen Zugriff durch Flucht und durch Diebstahl eines polizeilichen Dienstfahrrads. ➡ Tschick stiehlt ein Autokennzeichen und befestigt es am gestohlenen Lada. ➡ Die Freunde stellen Überlegungen an, wie sie ohne Geldzahlung an neuen Treibstoff kommen können.

Nachdem sie die „tolle[n] spinnerte[n] Leute“ verlassen haben, entkommen sie nur knapp einem Polizeibeamten, der gerade sein Fahrrad repariert und Tschick beim Einstieg in den Lada beobachtet hat. Während dieser im Auto davonrast, gelingt Maik die Flucht nur, indem er das Dienstfahrrad des Polizisten entwendet und darauf mit großer Mühe so sehr an Tempo gewinnt, dass er nicht mehr gefasst werden kann.

Dramatische Szenen einer Verfolgung durch die Polizei

Flucht in verschiedene Richtungen – vorübergehender Kontaktverlust der Freunde

Erst am Abend des folgenden Mittwochs finden sich die Freunde nahe der Stelle wieder, wo sie zwei Nächte zuvor im Freien übernachtet haben. Tschick berichtet davon, wie er sich zwischenzeitlich mehrere Stunden lang in der Dorfbäckerei versteckt gehalten habe, vor der sie von dem Mitschüler Lutz Heckel angesprochen worden waren. Sodann habe er nach einer vergeblichen Suche nach Maik in einem Baumarkt schwarze Sprühfarbe gekauft und ein neues Autokennzeichen gestohlen, um den Geländewagen umzulackieren und das ursprüngliche Münchener Kennzeichen gegen eines aus der brandenburgischen Stadt Cottbus auszutauschen.

Glückliches Wiedersehen

Tschicks Maßnahmen, um den Geländewagen für die Polizei unkenntlich zum machen

Bei der Weiterfahrt auf der Autobahn am Donnerstag ergibt sich das Problem, dass der Benzintank aufgefüllt werden muss. Die beiden Jugendlichen machen halt an einer Raststätte, an der sich zu diesem Zeitpunkt viele Kunden aufhalten, um dort ohne Bezahlung an Sprit zu gelangen. Da die Zapfsäulen überwacht werden, kommen sie auf den Gedanken, den Treibstoff heimlich aus einem fremden Kraftfahrzeugtank abzuzapfen. Für die Durchführung der Aktion, die nach dem physikalischen Prinzip der kommunizierenden Röhren funktionieren soll, benötigen sie allerdings noch einen Schlauch oder „irgendwas Schlauchähnliches“ (148).

Auf der Suche nach neuem Treibstoff

Kap. 29–34: Isa	
	➟ Auf der Suche nach einem Schlauch zum Entwenden von Benzin begegnen die Freunde auf einer Mülldeponie einem völlig verwahrlosten Mädchen. ➟ Trotz wechselseitiger Beschimpfungen und Beleidigungen folgt das Müllmädchen den Jungen auf deren Weg zur Autobahnraststätte. ➟ Gegen ihre ursprüngliche Absicht akzeptieren die Jungen Isa als Wegbegleiterin. ➟ Ein Bad im Stausee verwandelt das schmutzige und stinkende Mädchen in eine attraktive junge Frau. ➟ Isa will Sex mit Maik, doch dieser will ‚nur' Zärtlichkeit. ➟ Beim Aufstieg auf einen Berg verewigen sich die drei Jugendlichen mit ihren Initialen auf einer Holzwand. ➟ Isa verabschiedet sich und bricht zu ihrer Halbschwester nach Prag auf.

Das Müllmädchen Isa: eine groteske Gestalt in einer schaurigen Umgebung

Ihre Suche nach einem solchen Gegenstand führt sie über eine kilometerlange Strecke zu einer Mülldeponie, wo sie trotz großer Anstrengungen nichts Geeignetes finden und Tschick schließlich mit einem völlig heruntergekommen wirkenden Mädchen gleichen Alters, das auf einem der Müllberge in einer Schrankwand sitzt, in einen lautstarken Streit gerät. Trotz der gegenseitigen Beleidigungen gibt ihnen die Unbekannte aufgrund ihrer Ortskenntnis die entscheidenden Informationen, um an mehrere brauchbar erscheinende Schläuche zu gelangen.

Zauber der Musik: Isas Gesang an einer Brombeerhecke

Als die beiden Jugendlichen den Rückweg zur Raststätte antreten wollen, folgt ihnen das seltsame Mädchen, das durch seinen ‚entsetzlichen Gestank' und durch ständiges Reden Ekel und Widerwillen erregt. An einer Brombeerhecke, wo sich Maik und Tschick schon auf dem Hinweg gesättigt hatten und wo sie nun erneut ihren Hunger stillen, beginnt das Mädchen in einer Weise zu singen, die Maik geradezu verzaubert. Tschick hingegen erklärt ihm in deutlichen Worten seine Abneigung. Schließlich scheint das Mädchen von einer weiteren Begleitung der beiden Jungen abzulassen.

Praktische Hilfe: Isas Erfolge beim Abzapfen von Benzin

Deren nächtlichen Versuche, mit Hilfe der von der Müllhalde mitgebrachten Schläuche an der Raststätte Treibstoff aus anderen Autos zu stehlen, bleiben so lange erfolglos, bis auf einmal das fremde Mädchen wieder auftaucht und ihnen fachmännisch zeigt, wie sich Benzin aus anderen Tanks in einen Kanister füllen lässt.

Die Unterstützung durch Isa – so lautet der Name des Mädchens – verpflichtet Maik und Tschick dazu, sie trotz ihres abscheulichen Geruchs und trotz ihrer Kopfläuse als Begleiterin bei ihrer weiterhin orientierungslosen Reise zu akzeptieren. Während der Fahrt in eine ihnen unbekannte Gebirgslandschaft gelangen sie in eine Schlucht mit einem kleinen Stausee. Dort werfen die Jungen das ahnungslose Mädchen ins Wasser, um zu erreichen, dass es sich gründlich wäscht. Zu ihrer großen Überraschung entkleidet sich Isa am Ufer, um sich intensiv mit Seife zu reinigen. Alle anschließenden Fragen der beiden Freunde zu ihrer Person bleiben von ihr unbeantwortet.

Rast am Ufer eines künstlichen Sees

Isas Verwandlung vom Müllmädchen zur anziehenden jungen Frau

Am nächsten Samstagmorgen bittet Isa den Ich-Erzähler, ihr mit einer kleinen Schere aus dem Verbandskasten des Lada die Haare zu schneiden, während Tschick unterwegs ist, um in einem nahe gelegenen Dorf Lebensmittel zu kaufen. Als sie unter dem Vorwand, dass die Haare nicht auf das T-Shirt fallen sollen, ihr Oberteil auszieht, hat Maik große Mühe, nicht ständig auf die nackten Brüste zu schauen. Das Schneiden der Haare wird auch durch die Entdeckung eines Voyeurs gestört, der nicht weit von ihnen die jungen Leute beobachtet und dabei masturbiert. Voller Wut springt Isa auf und läuft auf den alten Mann zu, indem sie zugleich mit Steinen nach ihm wirft. Nachdem sie den Fremden vertrieben hat, fordert sie Maik auf, mit der Arbeit fortzufahren. Danach macht sie den Versuch, Maik, der noch nie mit einem Mädchen geschlafen hat, zu verführen. Doch der junge Mann ist so verstört durch das Ansinnen Isas, dass er es spontan ablehnt. Seine eigentliche Sehnsucht gilt der zärtlichen Geste, mit der sie ihre Hand auf sein Knie legt, während sie beide in der Morgendämmerung nebeneinander sitzen. Er hätte sie auf ihren Vorschlag hin auch sehr gerne geküsst, doch kehrt in diesem Moment Tschick vom Einkauf zurück.

Offenherzige Selbstentblößung: natürliche Nacktheit und weibliche Schönheit

Sexuelle Perversion als Gegenbild: der alte Spanner am Seeufer

Maiks Abwehr von Isas Angebot zum Sex, sein Bedürfnis nach bloßer Zärtlichkeit

Sie besteigen zu dritt einen Berg, von dem aus sie eine herrliche Aussicht auf die umliegende sommerliche Landschaft haben. Nach der Entdeckung von Buchsta-

Gemeinsamer Aufstieg auf einen Berg und Selbstverewigung

ben und Zahlen, die in die Außenwand einer Holzhütte eingeritzt sind und mit Abkürzungen oder auch vollständigen Namen sowie mit Jahreszahlen aus zum Teil ferner Vergangenheit an den Aufenthalt einer großen Zahl von Wanderern erinnern, kommt Tschick auf die Idee, seinerseits die Initialen von ihm selbst (AT), von Maik (MK) und von Isa Schmidt (IS) in das Holz zu schnitzen und diesen das Jahr 2010 ihres Ausflugs hinzuzufügen. Währenddessen verfällt Maik angesichts der ältesten Eintragung, welche die Existenz eines gewissen Anselm Wail im Jahre 1903 dokumentiert, in trübsinniges Nachdenken über die Nichtigkeit des menschlichen Lebens, das mit dem Tod und dem Vergessen endet. Der Ich-Erzähler schlägt den Freunden vor, sich in genau 50 Jahren am 17. Juli 2060 auf der Bergspitze wiederzutreffen.

Maiks Nachsinnen über die Vergänglichkeit des Lebens

Isas plötzliches Verschwinden

Als die drei Jugendlichen in unmittelbarer Nähe parkende Reisebusse erblicken, läuft Isa zu einem der Fahrer, bespricht etwas mit ihm und eilt zu Tschick und Maik zurück, um von ihnen dreißig Euro zu erbitten. Erst in diesem Augenblick wird klar, dass sie das Geld benötigt, um sich von den beiden Jungen zu trennen und alleine im Bus zu ihrer Halbschwester nach Prag weiterzureisen.

Kap. 35: Im Niemandsland	➟ Maik und Tschick geraten in ein Tagebaugebiet. ➟ Sie pausieren auf einer Brücke hoch über der zerstörten Landschaft.

Auf dem Weg in eine Industrielandschaft

Inbegriff einer leblosen, ausgebeuteten Natur: ein Tagebaugebiet zum Abbau von Braunkohle

Bei der späteren Weiterfahrt geraten Maik und Tschick mittags in einen Stau. Als Blaulicht zu erkennen ist, das die Anwesenheit von Polizei vermuten lässt, lenkt Tschick den Geländewagen in einen Feld- und Waldweg, der in eine Sumpflandschaft mündet und schließlich durch ein Holzgatter versperrt wird. Nach dem Öffnen dieser Barriere entdecken die Freunde auf ihrer Route eine immer größer werdende Zahl von „Betonblöcken, in denen senkrechte Metallstäbe steckten“. Diese Strommasten führen zu einer unbelebten „Mondlandschaft“ (179), bei der es sich vermutlich um ein gigantisches Tageabbaugebiet zur Gewinnung von Braunkohle handelt.

Die Jugendlichen riskieren trotz ihrer Bedenken die Überfahrt über eine brückenartige Konstruktion, um an das andere Ende des dreißig bis vierzig Meter tief gelegenen Areals zu gelangen. Auf halbem Weg machen sie eine Pause, indem sie sich an den Abgrund setzen und eine Cola trinken. Der Anblick der „Kraterlandschaft" (180) lässt für Maik das eigene Leben in Berlin völlig unwirklich erscheinen.

Kap. 36–40: Begegnungen (2)

- Die Protagonisten werden von dem in völliger Isolation lebenden Horst Fricke mit Gewehrschüssen bedroht und danach in sein verfallenes Haus eingeladen. Die Geschichte des alten Mannes von Widerstand und Verfolgung, von Liebe und Tod im Dritten Reich klingt verworren.
- Auf der Flucht vor der Polizei verunglücken die Freunde. Eine Sprachtherapeutin überschlägt sich in Hilfsbereitschaft, bis der verletzte Tschick in einer Klinik medizinisch versorgt wird.
- Ein nächtlicher Anruf bei Herrn Reiber erwirkt die Entlassung der Freunde aus dem Hospital, weil der unbekannte Mann so tut, als sei er Maiks Tante Mona.

Unter Beschuss – Tschick und Maik in einer kriegsartigen Szene

Später erkunden sie ein verfallenes Dorf, das von seinen Bewohnern etwa Mitte der 90er-Jahre des 20. Jahrhunderts wegen des Tagebaus verlassen werden musste. Bei der weiteren Durchquerung des Ortes wird plötzlich ihr Geländewagen beschossen, so dass die Heckscheibe zerbirst und Maik das Auto fluchtartig verlässt, um sich zu verstecken. Tschick hingegen bleibt im Wageninneren sitzen und fordert seinen Freund hektisch auf, wieder einzusteigen. In diesem Moment erkennt Maik einen alten Mann, der vom Fenster einer Hausruine aus ein Gewehr auf die fremden Eindringlinge richtet. Als der Schütze die Waffe absetzt, geht Maik mit wilden Armbewegungen auf das Gebäude zu und erklärt dem Mann, dass man nichts von ihm wolle und einfach weiterzufahren beabsichtige. Dieser lädt die beiden Jugendlichen daraufhin in das Haus ein, dessen Zimmer völlig verwahrlost sind.

Liebe und Tod – die Grunderfahrungen des traumatisierten Ex-Soldaten

Sehr rasch lenkt der alte Mann, dessen Name – wie man später erfährt – Horst Fricke ist, das Gespräch auf die Jugend und die Liebe. In wirren Einzelheiten erzählt er

Ungereimtheiten in der Geschichte von Horst Fricke

die Geschichte seiner Beziehung zu Else, die angeblich mit ihm zusammen in einer kommunistischen Vereinigung namens „Widerstandsgruppe Ernst Röhm“ gegen die Nationalsozialisten gekämpft habe und als Übersetzerin verbotener englischsprachiger Literatur später in einem Konzentrationslager umgebracht worden sei.
Der Leser sollte dabei wissen, dass die Ausführungen des alten Mannes historisch falsch sind (vgl. S. 72 f.). Ernst Röhm (1887–1934) war nämlich langjähriger Führer der berüchtigten faschistischen Sturmabteilung (SA) und enger Vertrauter Adolf Hitlers, der ihn allerdings in der Befürchtung, dass die SA seine eigene Machtposition und die der Schutzstaffel der NSDAP (SS) bedrohe, bereits 1934 im Konzentrationslager Dachau umbringen ließ.

Horst Fricke – Opfer und Täter in der Zeit der nationalsozialistischen Diktatur

Auch Tschick erkennt bald, dass Frickes Darstellung der eigenen Lebensgeschichte voller Widersprüche und ‚schwachsinnig‘ ist, da dieser einerseits behauptet, während der Zeit des Dritten Reiches Kommunist gewesen zu sein, und andererseits stolz von seinem erfolgreichen Einsatz an der Ostfront im Kampf gegen Angreifer aus der kommunistischen Sowjetunion berichtet.

Das leere Versprechen eines alten Mannes, der aus der Zeit gefallen ist

Dass der alte Mann geistig verwirrt ist, wird deutlich, als er den beiden Jugendlichen zum Abschied ein braunes Fläschchen übergibt, von dessen Inhalt er behauptet, dass er eine magische lebensrettende Wirkung besitze. Tatsächlich aber verbreitet der Inhalt nach dem Öffnen des Fläschchens im Auto einen bestialischen Gestank, so dass Tschick den Gegenstand sofort wegwirft.

Flucht vor der Polizei und erster Unfall

Als bei der Weiterfahrt ein Polizeifahrzeug zu erkennen ist, das vor der Unterkunft von Hans Fricke hält und zu wenden scheint, beschleunigt Tschick die Geschwindigkeit des Lada so sehr, dass er über einen Abhang rast, der steil in die Tiefe das Tageabbaugebietes führt. Noch oberhalb des Abgrunds überschlägt sich das Fahrzeug mehrfach auf einer Böschung unmittelbar vor einem Autobahnparkplatz. Die Freunde scheinen zunächst unverletzt zu sein und glauben nun, so schnell wie möglich die Flucht vor der sie mutmaßlich verfolgenden Polizei fortsetzen zu müssen. Im Augenblick der fragwürdigen Idee, im schnellen Lauf irgendwohin entkommen zu können, eilt ihnen eine fettleibige Frau mit einem Feuerlöscher zu Hilfe, um den befürchteten Ausbruch eines Feuers in dem umgestürzten Geländewagen zu verhindern. Die fremde Frau ist beim Anblick von Blut an Tschicks Kinn so aufgeregt, dass sie dessen Fuß verletzt, indem sie den Feuerlöscher fallen lässt.

Erste Hilfe einer selbstlosen Frau

Als Tschick nun nicht mehr stehen und gehen kann, hebt sie ihn zum großen Erstaunen des Ich-Erzählers ohne Probleme hoch und trägt ihn zu ihrem BMW, wo sie ihn auf den Beifahrersitz setzt. Sodann rast sie in einer längeren Fahrt mit höchster Geschwindigkeit und unter Missachtung der Verkehrsregeln zu einem Krankenhaus, während sie zugleich dauernd kichert und mit dem Verletzten ein Gespräch über ihren Beruf als Sprachtherapeutin und über Prinzipien des richtigen Sprechens führt.

Mit überhöhter Geschwindigkeit ins Krankenhaus

Bei der Ankunft in der Notaufnahme der Klinik macht Maik falsche Angaben zu Tschicks Person und behauptet, er sei privat krankenversichert. Er erreicht auf diese Weise, dass sein Freund nach einer stundenlangen Wartezeit ärztlich behandelt und mit Schmerzmitteln versorgt wird, und auch, dass sie im Krankenhaus noch auf die medizinische Diagnose warten können. Zuvor hat sich die fremde Frau, die noch lange geblieben war und sich mit ihnen unterhalten hatte, von ihnen mit den Worten verabschiedet, sie sähen aus wie Kartoffeln.

Lug und Trug (1): Maik erschwindelt für Tschick eine ärztliche Behandlung

Am frühen Morgen des folgenden Sonntags stellen die beiden Jugendlichen von ihrem Zimmer aus beim Blick in die Umgebung verblüfft fest, dass der Lada nicht weit von ihnen auf dem Autobahnparkplatz steht, so dass auch klar wird, dass die Sprachtherapeutin einen unsinnig großen Umweg gefahren ist. Ein völlig übermüdet wirkender Arzt teilt bald darauf mit, dass Tschicks Fußverletzung eine Quetschung mit Haarriss und nach zwei Wochen ausgeheilt sei. Nachdem sich der Mann unter dem Anschein, sich kaum noch auf den Beinen halten zu können, verabschiedet hat, kehrt er unmittelbar darauf mit den fröhlichen Worten zurück, dass sein Auftreten nur ein schauspielerischer Witz gewesen sei und sie beide sich jetzt einen Kaffee holen könnten.

Ein Arzt mit Sinn für Komik

Der Lada vor der Tür – so nah und doch so fern

Beim erneuten Blick aus dem Fenster beobachten die Freunde, dass die Polizei ihr Fahrzeug nicht hat abtransportieren lassen. Tschick möchte gegen die Einwände von Maik, dass der Wagen ohnehin nicht mehr fahre, sofort zum Parkplatz. Er wird nur durch die eintretende Krankenschwester an seinem Vorhaben gehindert.

Lug und Trug (2): ein fingierter Anruf bei Tante Mona alias Herr Reiber

Gegen alle Erwartungen: Herr Reiber spielt bei Maiks Täuschungsmanöver mit

Gegenüber der Krankenschwester, die sich nach dem Wohnort der beiden erkundigt, erklärt der Ich-Erzähler, dass sie im fernen Berlin wohnen würden und gegenwärtig zu Besuch bei ihrer Tante seien. Auf die Aufforderung der misstrauischen Frau hin, diese Tante sofort anzurufen, wählt Maik eine beliebige Telefonnummer und hofft dabei, dass zu diesem Zeitpunkt – es ist etwa vier Uhr morgens – niemand abnimmt. Doch meldet sich nach wenigen Augenblicken am anderen Ende der Leitung ein Herr Reiber, der aus dem Schlaf geweckt wurde und zunächst an ein Missverständnis glaubt, als Maik ihn mit „Tante Mona“ anredet. Sehr schnell begreift er aber, dass es sich um ein „fiktives Gespräch“ handelt. Sein Lachen lässt erkennen, dass es ihm Spaß macht, an einem Rollenspiel teilzunehmen. Zugleich zeigt er sich jedoch besorgt darüber, dass das Täuschungsmanöver möglicherweise durch eine Notsituation des Anrufers notwendig geworden sein könne. Es wird ihm allerdings bald klar, dass dieser sich nicht in einer wirklichen Gefahr befindet, sondern zusammen mit seinem Freund in Schwierigkeiten steckt. Der Verlauf des Telefongesprächs veranlasst die Krankenschwester, die beiden gehen zu lassen.

Kap. 41: Tschicks Geheimnis	→ Die Freundschaft zwischen Maik und Tschick erreicht ihren maximalen Punkt des Vertrauens, als Tschick seine geheimsten Empfindungen für Maik und damit zugleich seine Homosexualität offenlegt. → Maiks Selbstvertrauen steigt nach diesem Geständnis des Freundes so sehr, dass er sich dazu bereit erklärt, das Auto zu steuern.

Tschicks Bekenntnis zur eigenen Homosexualität

Die Freunde begeben sich zu dem Autobahnparkplatz, wo der Lada zwar stark beschädigt, aber fahrbereit ist. Als sich herausstellt, dass Tschick aufgrund seines Gipsverbandes am Fuß den Geländewagen nicht fahren kann, will er, dass sich Maik ans Steuer setzt. Doch dieser weist die Idee empört zurück und meint, dass er ein grundsätzlich sehr ängstlicher, feiger und langweiliger Mensch sei. Tschick reagiert auf das Geständnis mit einem großen Lob, in dem er seine ganze Bewunderung und Begeisterung für Maik ausdrückt. Schließlich bekennt er ihm, dass er homosexuell sei.

Maik, für den das Geständnis nicht ganz überraschend kommt, ist jetzt auf einmal bereit, den Lada zu fahren, wobei Tschick zumindest das Schalten der Gänge übernehmen soll. Je länger die Fahrt auf der Autobahn dauert, desto mehr gewinnt er an Selbstsicherheit. Die Freunde genießen zugleich das Gefühl der Freiheit und Leichtigkeit des Lebens.

Zunahme von Mut und Selbstvertrauen bei Maik

Kap. 42: Maiks Erinnerung an ein Kindheitserlebnis

- Rückblende: Der Ich-Erzähler vergegenwärtigt sich eine aufregende Nacht, in der er als Kind durch die Umgebung seines Wohnortes irrte, sich aber trotzdem in der Welt aufgehoben fühlte.

Bei Anbruch der Nacht wechseln sie von der Autobahn auf Landstraßen. Unter dem Eindruck der tiefen Dunkelheit erfährt Maik nach vielen Jahren zum ersten Mal wieder, „was Nacht eigentlich bedeutet". Er erinnert sich daran, wie er als Acht- oder Neunjähriger gemeinsam mit einem Mädchen in einem Gerstenfeld gespielt hatte, dann aber von einem aggressiven alten Mann von dort vertrieben worden und alleine über die Felder auf einen menschenleeren Spielplatz geflüchtet war. Dort hatte er auf einmal seine Angst verloren und sich in der Nacht ganz geborgen gefühlt.

Glückserfahrung der Geborgenheit in der Welt

Kap. 43 und 44: Der Horror-Unfall

- Die Freunde werden durch die provokante Fahrweise eines Viehtransporters bedrängt.
- Sie geraten bei dem Unfall in Todesgefahr, überleben aber den Crash.
- Die dramatischen Ereignisse führen zum Abbruch der Reise und erzwingen die Rückkehr in den Alltag.

Ein schwerer Unfall mit knapp überlebenden Menschen …

Am folgenden Tag werden die Freunde auf der Autobahn vom Fahrer eines ausländischen Viehtransporters durch zunehmend gefährliche Bremsmanöver und Fahrspurwechsel am Überholen gehindert. Zuletzt verliert der Lkw-Fahrer die Kontrolle über sein Fahrzeug, gerät ins Schleudern und stürzt um. Trotz einer Vollbremsung gelingt es Maik nicht mehr, den Aufprall zu verhindern.

… und zahllosen toten oder sterbenden Tieren auf der Autobahn

Der Eindruck eines tosenden Applauses, den der Ich-Erzähler nach dem schweren Unfall zu vernehmen glaubt, stammt von den Schreien der Schweine, die, wenn sie nicht bereits tot auf der Fahrbahn liegen, verletzt und völlig verängstigt im Umkreis des Unfallortes umherirren.

Maik unter Schock – Tschick auf der Flucht

Maik steht unter Schock und klammert sich an der Antenne eines Autos fest, das unmittelbar hinter den umgestürzten Fahrzeugen zum Stehen gekommen ist. Tschick hingegen läuft über den Straßenrand hinweg fort.

Kap. 45: Das Strafverfahren	➡ Maik weigert sich gegenüber seinem Vater, Tschick vor Gericht als Anstifter zu der Reise zu erklären; dafür wird er von seinem Vater körperlich misshandelt. ➡ Beide Freunde übernehmen vor Gericht die Verantwortung für ihr Handeln. ➡ Der Jugendrichter erlässt milde Strafen.

Vater-Sohn-Konflikt

Enthüllungen über Tschicks kriminelles Vorleben

Brutalität des Vaters

Nach den Ereignissen auf der Polizeistation und im Krankenhaus, von denen bereits in den Kapiteln 1–4 die Rede war, kommt es zu einem heftigen Streitgespräch zwischen Maik und seinem Vater in Anwesenheit der betrunkenen Mutter. Josef Klingenberg macht seinem Sohn lautstark den Vorwurf, dass er sich von einem „asige[n] Russe[n]“ (229) zu all den Dingen hat verleiten lassen, die in der ersten Woche nach den Sommerferien geschehen sind. Maik erfährt dabei von Tschicks langer Vorstrafenliste wegen Diebstahls, Schwarzfahrens und Betrugs. Trotzdem erklärt er sich nicht bereit, dem Befehl seines tobenden und schreienden Vaters zu folgen und während der anstehenden Gerichtsverhandlung gegen seinen Freund auszusagen. Seine Weigerung, alle Schuld auf diesen abzuwälzen, steigert die Wut seines Vaters derart, dass er Maik immer wieder schlägt und verletzt.

Bei der Vernehmung vor einem Jugendgericht erzählt Maik in Anwesenheit von Tschick, der inzwischen in einem Heim untergebracht ist, nahezu wahrheitsgetreu, wie es zur Abreise kam und unter welchen Begleitumständen die gemeinsame Fahrt stattfand. Die Frage des Richters Burgmüller nach dem Motiv für sein Handeln lässt er unbeantwortet, da er nicht öffentlich erklären möchte, dass er „einmal im Leben wenigstens kein Feigling sein wollte" (233 f.). Als wiederum die strafrechtlich entscheidende Frage gestellt wird, wer von den beiden Freunden die Idee zu der Reise gehabt habe, macht Maik eine Falschaussage, indem er behauptet, es sei eine gemeinsame Idee gewesen. Tschick hingegen erklärt dem Richter den Tatsachen entsprechend, dass er Maik Klingenberg zu der Fahrt in einem gestohlenen Wagen angestiftet habe. Maik wiederum widerspricht den Angaben von Tschick, so dass keinem von beiden eine Alleinschuld zugesprochen werden kann.

Solidarität der Freunde

Nachdem sich ein Jugendpsychologe über die verheerenden familiären Verhältnisse geäußert hat, aus denen Tschick stammt, beschreibt ein Jugendgerichtshelfer auch das wohlhabende Elternhaus von Maik als einen Ort der Verwahrlosung, wo der Sohn von Vater und Mutter völlig vernachlässigt worden sei.

Maiks Elternhaus auf der Anklagebank

Das Urteil fällt für die beiden Freunde günstig aus: Maik muss unentgeltlich 30 Arbeitsstunden in einer gemeinnützigen Einrichtung ableisten, während Tschick im Heim bleiben muss.

Verurteilung der Freunde zu milden Jugendstrafen

Kap. 46–48: Beginn des neuen Schuljahrs

- Tatjana befragt Maik im Unterricht über Zettelbotschaften zu seinen Erlebnissen.
- Der Geschichtslehrer nutzt den Informationsaustausch zwischen den beiden Schülern für eine herabwürdigende ‚Comedy-Show'.
- Zwei Gesetzeshüter verlangen vor dem Klassenraum von Maik ein Alibi, weil erneut ein Lada entwendet wurde.

Am ersten Unterrichtstag nach den Sommerferien in der Klasse 9 wird der Ich-Erzähler damit überrascht, dass er in der ersten Stunde während des Geschichtsunterrichts bei Wagenbach einen Zettel zugesteckt bekommt, auf

Tatjanas plötzliches Interesse an Maik

dem sich Tatjana Cosic danach erkundigt, was mit ihm geschehen sei. Als er zögernd antwortet, indem er seine Erlebnisse in knappen Worten zusammenfasst und dann den Zettel an Tatjana zurückleitet, fällt das Papier in die Hände des Lehrers. Dieser lässt es sich nicht nehmen, den Text laut vorzulesen und ihn so zu kommentieren, dass sich die ganze Klasse auf Kosten der beiden Mitschüler amüsiert.

Hohn und Spott des Geschichtslehrers

Ernüchterung des Lehrers: Polizeibeamte verlangen Maik zu sprechen

Wagenbach schenkt den Informationen, die er auf dem Zettel vorfindet (Abreise in die Walachei, Autounfälle, Schießerei), offenbar keinen Glauben. Erst als der Schulleiter Voormann in Begleitung zweier Polizeibeamter im Klassenraum erscheint und Maik Klingenberg herausbittet, verstummt die lärmende Klasse und Wagenbach wirkt sehr beeindruckt.

Maiks Alibi: Er und Tschick stehen außer Verdacht, für einen erneuten Lada-Diebstahl verantwortlich zu sein

Von den Polizisten erfährt Maik, dass Tschick und er verdächtigt werden, erneut einen Lada gestohlen zu haben. Da Maik jedoch zum Zeitpunkt des Diebstahls seine Sozialstunden in einer Einrichtung für Behinderte ableistete und Tschick sich unter Aufsicht im Heim aufhielt, kann er den Verdacht ausräumen. Mit Tschick, der auch an diesem Tag noch nicht in der Schule ist, hat er wegen der strengen Heimregeln ohnehin bisher keinen Kontakt aufnehmen dürfen.

Kap. 49: Maik im Glück	
	→ Der Held erhält einen Brief von Isa, die ihn zu einem Wiedersehen einlädt. → Seine Eltern vollziehen die Trennung und schaffen endlich Klarheit in ihrer Beziehung. → Maiks Mutter wütet alkoholisiert im Garten, wo sie Besitztümer in den Swimmingpool wirft. → Sie taucht mit ihrem Sohn unter die Wasseroberfläche des Pools, während Maik sich seiner Freude über das neue Leben hingibt.

Ein unerwarteter Brief von Isa

Das Schlusskapitel erzählt davon, wie Maik über die Schuladresse einen Brief erhält, von dem er hofft, dass er von Tschick stammt. Tatsächlich jedoch schreibt ihm Isa, die sich nach ihm erkundigt und von ihrer eigenen Weiterreise zu ihrer Halbschwester berichtet. Sie verabredet sich mit Maik zu einem Treffen und deutet dabei an, dass sie ihn gerne einmal küssen würde.

Während sich hier eine Liebesbeziehung abzeichnet, wird deutlich, dass Maiks Eltern sich trennen werden und sein Vater mit der Geliebten eine gemeinsame Wohnung nehmen wird. An einem Sommerabend beginnt die völlig alkoholisierte Mutter damit, Gegenstände wie Möbel und Bilder aus dem Haus zu tragen und in den Swimmingpool zu werfen, bis schließlich die Polizei erscheint, die von Nachbarn alarmiert wurde.

Trennung der Eltern

Trennung von den materiellen Relikten der Vergangenheit

Nachdem die Polizeibeamten abgezogen sind, setzt die Mutter die Vernichtungs- und Befreiungsaktion fort, bei der Maik ihr hilft. Am Ende stürzen sich beide in den Swimmingpool, wo sie Hand in Hand bis zum Grund tauchen, während Maik überglücklich ist.

Maik und seine Mutter Hand in Hand im Pool

Figurenkonstellation

Maik Klingenberg

Adoleszenzroman / Coming-of-age-Geschichte	→ Heranwachsende als Romanhelden → Krisenhafte Übergangsphase vom Kind zum Erwachsenen → Abgrenzung von den Werten und Normen der Erwachsenen (Generationenkonflikt) → Selbstentfremdung – Selbstsuche – Selbstfindung → Entwicklung einer sozialen und sexuellen Identität → Körperliche, seelische und geistige Reifung

Der Begriff des Helden

Heldinnen oder Helden sind nach dem üblichen Begriffsverständnis Menschen, die durch herausragende körperliche oder geistige Fähigkeiten und Leistungen auffallen, indem sie etwa besonders ausdauernd und schnell oder mutig und aufopferungsbereit sind. Durch einzigartige Heldentaten wie die Rettung von Menschenleben oder den Widerstand gegen eine bedrohliche Übermacht erlangen sie oft auch Heldenruhm und werden zu privaten oder öffentlichen Stars.
In der Literaturwissenschaft hingegen bezeichnet man jede Hauptperson eines epischen (erzählenden) oder dramatischen Textes als Heldin oder Held, also auch dann, wenn sie nicht nur positive, sondern auch negative Eigenschaften zeigen. Um aber beispielsweise Heldenfiguren der griechischen oder römischen Mythologie wie Herakles oder Lucretia von eher gewöhnlichen oder auch verbrecherischen Menschen wie dem Serienmörder Jean-Baptiste Grenouille in Patrick Süskinds Roman *Das Parfum* (1985) abzugrenzen, benutzt man in der Literaturwissenschaft neben dem Begriff des Helden auch denjenigen des Anti-Helden.

Maik Klingenberg: Held und Anti-Held

Maik Klingenberg, eine der beiden Hauptfiguren aus Wolfgang Herrndorfs Roman *Tschick*, kann demnach in gewisser Weise als Held oder auch als Anti-Held bezeichnet werden. Einerseits weist er gerade zu Beginn der Handlung Merkmale eines schwachen, später aber solche eines starken Menschen auf. Ist er am Anfang in der Schule ein Außenseiter und Einzelgänger, so steht er nach seiner abenteuerlichen Reise mit Tschick im Mittelpunkt der Klasse und ist nun ein Mensch, der Freundschaft und Liebe gefunden hat.

Bürgerlicher Wohlstand

Rein äußerlich betrachtet ist dieser junge Romanheld sehr privilegiert. Maik stammt aus einer wohlhabenden Familie, die in einer Villa mit Swimmingpool wohnt und Angestellte zur Erledigung von Haus- und Gartenarbeiten beschäftigt. Sehr rasch zeigt sich jedoch, dass die bürgerliche Fassade des Reichtums und Komforts schon lange bröckelt. Der Vater steht als Immobilienmakler vor dem finanziellen Ruin, während zugleich seine Ehe mit Maiks alkoholkranker Mutter als gescheitert angesehen werden kann. Der Jugendgerichtshelfer, der gegen Ende der Romanhandlung als Gutachter vor Gericht erscheint, bestätigt, dass Maik zwar „aus einem stinkreichen Elternhaus“ komme, dort aber „vernachlässigt“ werde „und verwahrlost sei“, und dass seine Familie „letztlich auch so eine Art asozialer Scheiße“ (236) sei.

Pseudo-Idylle

Zerstörte Kindheit

Abschied von der Kindheit

Zum Zeitpunkt seines Berichts im Jahre 2010 ist Maik vierzehn Jahre alt und besucht die 8. Klasse eines Berliner Gymnasiums, das den Namen des größten böhmischen Wissenschaftlers des 16. Jahrhunderts, Thaddaeus Hagecius von Hayek (1525–1600), trägt. Von seinem Alter her befindet er sich in der entwicklungspsychologischen Phase der (beginnenden) Adoleszenz, also im Übergang zwischen Kindheit, Pubertät (Periode der beginnenden Geschlechtsreife) und Erwachsenenalter. Innerhalb dieser Zeitspanne des Umbruchs vollziehen sich starke Veränderungen. Die vormals enge kindliche Bindung an die Eltern schwächt sich deutlich ab, während hingegen die Orientierung an Gleichaltrigen zunimmt. Eine besondere Herausforderung stellt die Ausbildung der sexuellen Identität dar.

Da Maik nicht nur die Hauptperson, sondern zugleich der Ich-Erzähler des Romans ist, erfährt man von ihm neben den Daten und Fakten seiner Erlebnisse auch sehr viel über seine Wahrnehmungen, Gefühle und Gedanken.

Negatives Selbstbild

Indem man direkten Einblick in das Innenleben des Helden hat, zeigt sich, wie sehr er vor der Abreise mit

Tschick von Minderwertigkeitskomplexen und Versagensgefühlen beherrscht wird. Aus dem Umstand, dass er weder einen Spitznamen noch Freunde hat, schließt er selbst, dass er „wahnsinnig langweilig" (21) und unbedeutend ist. Er hält sich für „eine psychotische Schlaftablette" (39) sowie für „ein absolutes Nichts" (86) und einen „Trottel" (90). Wohl auch aus diesem Grund vermeidet er es, Kontakte zu Gleichaltrigen aufzubauen. So läuft er bei einem Schulausflug „mit großem Abstand hinter allen anderen her" (34) und tut nach außen hin so, als ob er sich sehr stark für Bäume interessieren würde, obwohl er innerlich fast ausschließlich auf das konzentriert ist, was bei den Mitschülern passiert, die 200 Meter vor ihm laufen. Zum Aufbau eines äußeren Scheins gehört auch, dass er auf die Frage des Lehrers nach der Bezeichnung eines bestimmten Baumes schweigt, anstatt – wie er dies aufgrund seines botanischen Wissens tun könnte – vor der ganzen Klasse die richtige Antwort („Weißbuche", 34) zu geben.

Unbefriedigte Sehnsucht nach Glück

Das Empfinden der eigenen Unvollkommenheit gleicht Maik für sich durch Wunschvorstellungen aus, die – gemessen an seiner tatsächlichen Situation als Outcast – völlig unrealistisch sind. So projiziert er seine unbefriedigte Sehnsucht nach Gemeinschaft auf die in seinen Augen vollkommen schöne Mitschülerin Tatjana Cosic und tut dabei Dinge, die er eigentlich gar nicht mag. Er hört beispielsweise die Pop-Lieder von Tatjanas Lieblingssängerin Beyoncé „in Endlosschleife" (58), obwohl er deren Musik eigentlich verabscheut (vgl. ebd.) und die Musik der US-amerikanischen Rockband The White Stripes bevorzugt.

Unbemerkte Talente

Maik als witziger Geschichtenerzähler

Entgegen den Vorurteilen seiner Mitschüler, die ihn als „Schlaftablette" (36) ansehen, verfügt Maik, der im Übrigen „einer der Kleinsten" (ebd.) in seiner Klasse ist, durchaus über besondere Begabungen. Zu diesen gehört die Kunst, Geschichten so spannend und witzig zu erzählen, dass seine Zuhörer zu Begeisterungsstürmen hingerissen werden. Doch es gelingt ihm nur ein einziges Mal, seine außergewöhnlichen Fähigkeiten zum kreativen Schreiben öffentlich unter Beweis zu stellen, als er nämlich in der Klasse 6 einen Aufsatz vorliest, in dem er die Alkoholabhängigkeit seiner Mutter als eine vergnügliche Angelegenheit darstellt und damit seine Mitschüler in den Bann zieht. Die heftige Empörung des Deutschlehrers über die humorvolle Wiedergabe der Suchtkrankheit der eigenen Mutter führt allerdings dazu, dass Maiks Stolz über seine schriftstellerische Leistung gebrochen wird und er „völlig am Boden zerstört ist" (32).

Außergewöhnliche sportliche Leistungen

Einen Anlass zu größerem Selbstvertrauen könnten auch die herausragenden sportlichen Leistungen insbesondere im Hoch- und Weitsprung bewirken, derer sich Maik durchaus bewusst ist. Da er aber von seinen Mitschülern weitgehend unbeachtet bleibt, bemerkt auch niemand, dass „Air Klingenberg Schulrekord fliegt" (40).

Wirklichkeitsgetreues Zeichnen

Ebenso verhält es sich mit dem Zeichnen: Auch hier weiß Maik um sein Talent, als er beginnt, anlässlich von Tatjanas Geburtstagsfeier eine photographisch genaue und maßstabsgetreue Zeichnung von Beyoncé in wochenlanger Arbeit vorzubereiten. Weil er aber zu der Party nicht eingeladen wird, hat er auch keine Gelegenheit, Bewunderung und Dank für sein originelles Geschenk zu finden.

Sensibilität

Nur indirekt lässt der Roman eine weitere Begabung erkennen, nämlich die bemerkenswert einfühlsame Nachdenklichkeit des Jugendlichen, die sich beispielsweise zeigt, als er eine Gruppe von älteren und alten Personen erblickt, die einem Reisebus entsteigen und durch ihre Uniformität auffallen:

> „[…] es waren ausschließlich Rentner. Sie trugen alle braune oder beige Kleidung und ein lächerliches Hütchen […].
> Ich konnte mir immer nicht vorstellen, dass ich selbst einmal so ein beiger Rentner werden würde. Dabei waren alle alten Männer, die ich kannte, beige Rentner. Und auch die Rentnerinnen waren so. Alle waren beige. Es fiel mir ungeheuer schwer, mir auszumalen, dass diese alten Frauen auch einmal jung gewesen sein mussten. Dass sie einmal so alt gewesen waren wie Tatjana und sich abends zurechtgemacht hatten und in Tanzlokale gegangen waren, wo man sie als junge Feger oder so was bezeichnet hatte, vor fünfzig oder hundert Jahren. Nicht alle natürlich. Ein paar werden auch damals schon öde und hässlich gewesen sein. Aber auch die Öden und die Hässlichen haben mit ihrem Leben wahrscheinlich mal was vorgehabt, die hatten sicher auch Pläne für die Zukunft.

> Und auch die ganz Normalen hatten Pläne für die Zukunft, und was garantiert nicht in diesen stand, war, sich in beige Rentner zu verwandeln." (117 f.)

Selbstkritik

Spricht der Ich-Erzähler von sich selbst, so steigert sich die Analysefähigkeit bis zur sarkastischen Selbstanklage, wenn er etwa Aussehen und Funktion seiner Jacke beschreibt:

> „Es war [...] meine Lieblingsjacke. Irgend so ein China-Teil, auf der Brust ein weißes Drachenmuster, das wahnsinnig billig aussah. Aber auch wahnsinnig toll. Im Grunde die ideale Jacke für Asis. Und darum mochte ich sie auch so, da sah man nicht gleich auf den ersten Blick, dass ich das genaue Gegenteil eines Asis war: reich, feige, wehrlos." (61 f.)

Zwischen Opportunismus und Revolte

Entsprechend dieser äußerst abwertenden Selbsteinschätzung zeigt er nach eigenem Bekenntnis im Umgang mit anderen Menschen ein unangemessenes Verhalten, das zwischen eigener Verunsicherung und brüsker Zurückweisung von ihm wohlgesinnten Personen schwankt: „Solange die Leute unfreundlich sind, kann ich vor Aufregung kaum laufen. Aber wenn sie auch nur ein bisschen freundlich werden, fang ich immer gleich an, sie zu beleidigen." (63) Der Ich-Erzähler bringt mit diesem Selbstbekenntnis eine dauernde seelische Anspannung zum Ausdruck, die offenbar auch von starker Aggression bestimmt ist und sich in Ausbrüchen ohnmächtiger Wut entladen kann:

> „Was dann war, weiß ich nicht mehr. Ich weiß noch, dass ich irgendwann aus dem Haus rannte und in den Wald rein und den Hügel rauf [...]. Ich rannte einfach durch den Wald und schrie, und alle anderen, die durch den Wald rannten, gingen mir wahnsinnig auf die Nerven, weil sie mich hörten, und als mir dann noch einer entgegenkam, der mit Skistöcken spazieren ging, fehlte wirklich nur ein Hauch, und ich hätte ihm seine Scheißstöcke in den Arsch gekickt." (67 f.)

Bedürfnis nach Zuwendung und Zärtlichkeit

Körperliche Nähe und Zärtlichkeit erfährt er offenkundig nie, so dass die schon lange zurückliegende Begegnung mit der „extrem gut aussehende[n]" (70) und stets fröhlichen Assistentin und Geliebten des Vaters zu einer kostbaren Erinnerung daran wird, wie sie einmal ‚in seinen Haaren wuschelte' (vgl. 70). Erst in der späteren Begegnung mit Isa wird er die Erfahrung machen können, dass er begehrt wird. Wenn er auch – ähnlich wie bei seinem ersten Kontakt mit Tschick – zunächst widersprüchliche Gefühle empfindet, die gegenüber dem schrecklich stinkenden und wunderbar singenden Mädchen zwischen Furcht und Faszination schwanken (vgl. 155 und 157), so lässt er sich doch bald darauf gerne auf ihre Nähe ein, nachdem sie sich erst einmal am Ufer eines Stausees gereinigt hat: „Mit Blick auf Berge und Täler im Abendnebel aßen wir dann einen Kanister Haribo [...]. Isa hatte ein T-Shirt von mir an und die glänzende Adidas-Hose, ihre stinkenden Sachen lagen hinten am Ufer und blieben dort auch liegen, für immer.“ (168) Isas unbekümmerter Umgang mit Nacktheit und Sexualität lassen den schüchternen Jugendlichen zwar mit Verlegenheit (vgl. 167 und 170) und Ablehnung reagieren (vgl. 171), doch genießt er es, „mit ihr dazusitzen und ihre Hand auf [s]einem Knie zu haben“ (172). Nur Tschicks Auftauchen hindert ihn daran, sie zu küssen.

Der einsame Indianer auf dem Spielplatz

Das Alleinsein innerhalb der Familie und in der Schule macht aus Maik einen einsamen Menschen, der sich nach Anerkennung und Zuwendung sehnt, jedoch nach einer Reihe von Enttäuschungen den Eindruck gewinnt, dass seine Hoffnungen auf eine Änderung seiner Situation unerfüllt bleiben. Bildhafter Ausdruck für diesen unglücklichen Zustand ist sein gelegentlicher Aufenthalt auf einem menschenleeren Spielplatz, um den herum „ein riesiges Brachland“ (65) liegt. Dort sitzt er auf einem „riesige[n] Holzturm“ (64), wo ihn „keiner sehen kann“ (65), wenn er wieder einmal in einer schlechten Verfassung ist. Zugleich kann er von dort in der Dämmerung und bei Einbruch der Nacht „zwei weiße Mietshäuser“ sehen und ein Fenster beobachten, hinter dem ein „grünes Licht“ (66) ihn die Anwesenheit von Tatjana vermuten lässt, obwohl er überhaupt nicht weiß, ob es sich tatsächlich um das Zimmer des für ihn unerreichbaren Mädchens handelt.

Hoffnungslosigkeit und Ahnungslosigkeit

So wie das ferne grüne Licht in der Nacht die unerfüllte Sehnsucht symbolisiert, ist Maiks erfolgloser Versuch, „das Licht an [s]einem Fahrrad zu reparieren“, ein Ausdruck seiner hoffnungslos düsteren seelischen Verfassung. Zugleich jedoch weiß er noch nicht, dass der Blick vom Indianerturm auf „die Hochhäuser von Hellersdorf“ (65) genau auf den Wohnort von Andrej Tschichatschow trifft, der, obwohl er ihn „von Anfang an nicht leiden“ (41) konnte, bald sein neuer Freund sein wird und mit dem sich für ihn große Änderungen in seinem bislang ereignislosen Leben ergeben (vgl. 40).

Erste Kontakte mit Andrej Tschichatschowf

Als Tschick am letzten Schultag der Klasse 8 Kontakt mit ihm aufnimmt (vgl. 61–63), zeigt er ihm offen seine Ablehnung, vergisst zugleich aber auch sein Fahrrad in der Schule, weil der Mitschüler ihn angesprochen hat (vgl. 64). Diese erste Irritation setzt sich fort, als Tschick ihn noch am selben Tag zu Hause unter dem Vorwand besucht, dass er wegen einer Fahrradpanne Werkzeug benötige, und schließlich bis kurz vor Mitternacht bleibt, um mit Maik an der Playstation ein Computerspiel zu spielen und sich mit ihm zu unterhalten. Noch viel größer ist die Überraschung beim Anblick des Geländewagens, mit dem der Mitschüler am nächsten Tag vorfährt.

Zwischen Abwehr und Einverständnis

Dass Maik unsicher und innerlich zerrissen ist, zeigt sich an seiner Reaktion auf die Einladung zu einer gemeinsamen Fahrt in dem gestohlenen Fahrzeug. Obwohl er nicht einsteigen will, setzt er sich „halb auf den Beifahrersitz“ und begleitet Tschick trotz seiner Bedenken und seiner panischen Ängste auf einer Tour durch die Umgebung. Dabei entwickelt er jedoch sehr schnell ein neues Gefühl der Gleichgültigkeit und zugleich der Freiheit: Es ist ihm auf einmal „schon ganz egal, dass wir […] von zwei Rentnern durch die Windschutzscheibe angestarrt wurden und uns demnächst die Polizei abräumen würde. Ich wünschte mir sogar, dass die Polizei uns abräumen würde. Dann wäre endlich mal was los“ (86).

Von der Selbstentfremdung zur Selbstfindung

Mit dem plötzlichen Wunsch nach aufregenden Erlebnissen ist der Wendepunkt erreicht, von dem aus sich Maiks Leben radikal ändert. Der Jugendliche gibt seine selbstmitleidige Ich-Bezogenheit auf und öffnet sich für die Möglichkeiten, die die Welt ihm tagtäglich bereithält. Befand er sich zuvor in einem jahrelangen unglücklichen Zustand der Selbstentfremdung, so findet er nun innerhalb von wenigen Wochen mehr und mehr zu sich selbst und entwickelt eine eigene Identität.

Den Weg dorthin ebnet ihm der Umstand, dass er von einem anderen Menschen angesprochen wird, der ihn bewundert und ihm Vertrauen schenkt. Die intimen Gespräche, die er mit ihm über das Leben und die Liebe führt, lösen ihn zunehmend aus seiner inneren Erstarrung und befreien ihn von dem bisherigen Leidensdruck.

Errettung durch Tschick

Trotz fortbestehender Vorbehalte, die ihn auch weiterhin an sein mangelndes Selbstbewusstsein ketten, überwindet er gesellschaftliche Konventionen und verstößt unter dem Einfluss von Tschick gegen soziale Verhaltensregeln: Obgleich er dessen Idee, ohne Einladung auf Tatjanas Geburtstag zu erscheinen, für eine „endbescheuerte Idee" hält und „auf keinen Fall da hin" (90) will, akzeptiert er die widersprüchlichen Gefühle, die in ihm entstehen, als er gegen den eigenen Willen zum Ort des Geburtstagsfestes gefahren wird:

Befreiung aus innerer Gefangenschaft

> „Ich sagte kein Wort mehr, und Tschick sagte auch nichts, und ich war froh, dass er so entschlossen auf die Party zuhielt, wo ich angeblich gar nicht hinwollte. Drei Monate lang hatte ich an nichts anderes gedacht – und jetzt passierte es eben, und ich würde mich vor Tatjana aufführen wie der lächerlichste Mensch." (91)

Bei der Ankunft schämt er sich zwar seiner eigenen Anwesenheit im Auto (vgl. 92) und steigt „wie hypnotisiert [...] aus", doch ist er nach der Übergabe der Beyoncé-Zeichnung „so erleichtert" (93), dass er seinem Freund bei der spektakulären Abfahrt vor den Partygästen zuruft, noch mehr Gas zu geben (vgl. 94).

Wille zur Beschleunigung und zur Entgrenzung

Neben der Erfahrung tiefer Freundschaft bilden der Wunsch, ‚Gas zu geben', und dann die bedingungslose Bereitschaft, den bisherigen engen Lebensraum von Familie und Schule zu verlassen, eine weitere wichtige Voraussetzung dafür, dass Maik selbstbewusster wird. Der abenteuerliche Aufbruch in eine unbekannte Ferne lässt ihn ganz neue Erfahrungen machen, die ihn zu den Menschen in einer anderen Umgebung und dabei auch zu sich selbst führen.

Wachsendes Selbstbewusstsein

Zu diesen Erfahrungen gehören auch fragwürdige Grenzüberschreitungen, die gegen Recht und Gesetz verstoßen und vor allem in der unzulässigen Aneignung von fremdem Eigentum bestehen. Unter Tschicks Anleitung lernt

Risikoverhalten

Maik nicht nur, wie man ein Auto fährt, sondern auch, wie man eines stiehlt (vgl. 113–115). Gemeinsam mit dem Freund entwendet er Kraftfahrzeugkennzeichen (vgl. 118 f.) und ergreift die Flucht vor einem Polizeibeamten, indem er dessen Fahrrad in seinen Besitz bringt (vgl. 134–137). Schließlich macht er, als der Tank des Lada fast leer ist, sogar selbst den Vorschlag, an einer Autobahnraststätte einen anderen Wagen zu entwenden. Als Tschick diesen Vorschlag ablehnt, entwickelt Maik die Idee, mit einem Schlauch Benzin aus einem fremden Wagen abzusaugen (vgl. 145–147).

Schuld und Scham

Erst beim Anblick von Fotos einer glücklichen Familie, die er auf der Müllkippe, wo beide für die Aktion einen Schlauch suchen, in einem Album entdeckt, kommen Maik Zweifel in Bezug auf sein eigenes Handeln: „Ich musste an meine Mutter denken und wie schlecht es ihr ging und welchen Kummer ich ihr wahrscheinlich verursachte, wenn das alles hier rauskam." (150) Auf dem Rückweg von der Mülldeponie überkommen ihn in der Dunkelheit der Nacht noch mehr Gewissensbisse:

> „[E]hrlich gesagt, ich bekam ein bisschen Angst im Dunkeln. Warum, wusste ich auch nicht. Angst vor herumlaufenden Verbrechern konnte es ja schlecht sein. Die einzigen Verbrecher, die in diesem Wald herumliefen, waren garantiert wir. Aber vielleicht war es das, was mich beunruhigte. Dass mir das auf einmal klarwurde." (159)

Übernahme von Verantwortung

Entgegen dem Willen seines Vaters, der möchte, dass sein Sohn die Schuld für die Straftaten auf Andrej Tschichatschow abwälzen soll, übernimmt Maik jedoch vor dem Jugendstrafgericht die Mitverantwortung für das Geschehene. Auf diese Weise beweist er sich selbst und den anderen, dass er dem Vorurteil, ein „Langweiler" und ein „Feigling" (233 f.) zu sein, nicht mehr entspricht. Mit seiner Standhaftigkeit gegenüber dem gewalttätigen Vater und mit seinem Auftreten vor dem Richter befreit er sich auch aus der Scheinwelt seiner Eltern, die sich in Ersatzbefriedigungen für ihr an sich leeres Leben flüchten.

Maiks Eltern

Der Vater

➟ Bankrott des Immobiliengeschäfts durch unprofessionelle Fehlentscheidungen ➟ Wechselnde Liebschaften als Ausdruck fehlender Treue und Verantwortung ➟ Autoritätsgebaren und Gewaltbereitschaft als Ausdruck einer instabilen Persönlichkeit	Ein Mann außer Kontrolle

Der erfolgreiche Geschäftsmann …

Maiks Vater Josef Klingenberg ist Immobilienmakler, d. h. er vermittelt Wohneigentum zwischen Gebäudeeigentümern und Kaufinteressenten. Mit dieser freiberuflichen Tätigkeit erwirtschaftete er eine Villa mit Swimmingpool und einen gehobenen Lebensstandard mit Hausangestellten für sich und seine kleine Familie.

… vor dem beruflichen und finanziellen Ruin

Seit dem Jahr 2000 war er an einem viel Geld versprechenden Vorhaben beteiligt, bei dem er für Baufirmen 96 neue Einfamilienhäuser als hochrentable Anlageobjekte (vgl. 65) an Investoren vermitteln sollte. Der Bau der Häuser kam aber nicht zustande, weil Naturschützer gerichtlich gegen das Bauprojekt vorgingen (vgl. 65 f.). Der dadurch drohende Bankrott des Maklerbüros ließ es schon bald nicht mehr zu, dass die Klingenbergs in den Urlaub fahren konnten (vgl. 25) und sich nach den Angaben des Vaters verschulden mussten (vgl. 66).

Ein schlechter Ehemann

Der Alkoholabhängigkeit und den damit verbundenen Klinikaufenthalten seiner Frau begegnet er mit einem ausweichenden Amüsement (vgl. 31), ohne sich jedoch weiter um seine Frau zu kümmern. Stattdessen unterhält er mit deren Wissen schon lange wechselnde Liebschaften mit seinen jeweiligen Assistentinnen. Die Beziehung zu seiner Frau ist von wiederholten heftigen Ehestreitigkeiten bestimmt (vgl. 70).

Ein schlechter Vater

Auch um seinen Sohn kümmert er sich nicht. Er ließ ihn schon im Kindesalter ganz allein und auf sich gestellt, so beispielsweise, als der etwa Elf- bis Zwölfjährige in den Sommerferien vor Beginn der 6. Klasse zu Hause im Keller Bumerangs bastelte, ohne dass eine Aufsichtsperson zugegen gewesen wäre. Am letzten Schultag der 8. Klasse äußert sich der Vater seinem unglücklich verliebten und einsamen Sohn gegenüber durch lautstarkes Schimpfen („‚Was liegt das da draußen rum?' brüllte mein Vater") sowie durch Vorwürfe und Befehle: „‚Geh rauf und sag deiner Mutter Bescheid [...]. Hast du dich überhaupt schon verabschiedet? Du hast nicht mal dran gedacht, oder? Los, geh! Geh!'" (68) Unter dem Vorwand einer Geschäftsreise verbringt er anschließend einen zweiwöchigen Urlaub mit seiner jungen Geliebten Mona und überlässt seinem minderjährigen Sohn die Verantwortung für das Haus (vgl. 69).

Hilflose Gewalttätigkeit

Nachdem Maik während dieses Zeitraums von zu Hause ausgerissen ist und nun für eine Reihe strafrechtlicher Vergehen vor Gericht steht, drängt sein Vater ihn dazu, die Schuld auf Tschick abzuwälzen (vgl. 227–230). Diese Strategie entspricht seiner grundsätzlichen Haltung, keine Verantwortung für die Folgen des eigenen Handelns zu übernehmen.

Der Vater betrachtet die Welt als bloßes Spekulationsobjekt für finanzielle Gewinne, mit denen er seinen Besitz und seinen Reichtum vermehren kann. Sobald sich jemand seinem aggressiven Machtwillen widersetzt, kompensiert er sein Gefühl der eigenen Ohnmacht durch Gewalt. Diese nimmt, wie im Falle der Naturschützer, die verbale Form von übelsten Schimpfwörtern und Flüchen an („Jahrelang redete mein Vater immer nur von Scheiße, Wichsern und Faschisten", 65), sie entlädt sich aber auch in exzessiver körperlicher Gewalt, als sein Sohn ihm widerspricht: „Zack, scheuerte er mir eine. [...]. Zack, krachte es in mein Gesicht, und ich fiel zu Boden [...]. Die Schläge trafen mich überall, ich fiel vom Stuhl und rutschte auf dem Fußboden herum, die Unterarme vorm Gesicht." (228–230)

Seelische und moralische Verarmung

Die einzige Sorge des Vaters gilt dem Verlust des eigenen Ansehens, falls Maik wegen Autodiebstahls verurteilt wird (vgl. 228). An der egoistischen Fixierung auf seine eigene Person wird erkennbar, dass dieser vulgäre Mann gefühlsarm und liebesunfähig ist. Eine Einsicht in seine eigene Schuld gegenüber dem Sohn, den er völlig vernachlässigt hat, kann man von ihm nicht erwarten.

Die Mutter

- Selbstzerstörung durch chronischen Alkoholmissbrauch
- Selbstentmündigung durch Passivität und Tatenlosigkeit
- Selbsterniedrigung durch die fehlende Auflehnung gegen ihren Mann und dessen Liebschaften
- Erhöhung ihrer Person durch die Liebe ihres Sohnes

Eine namenlose Existenz

Ausweglosigkeit ihrer Situation

Der Leser ist geneigt, die Schlussszene des Romans, in welcher Maiks Mutter Teile des Hausinventars in das Schwimmbecken wirft, als einen ersten Akt der Selbstbefreiung aus den Zwängen ihrer Ehe und ihrer bürgerlichen Existenz zu deuten. Indem Maik sich aktiv an der Zerstörung von Gegenständen ihres nun vergangenen Lebens beteiligt und schließlich gemeinsam mit seiner Mutter Hand in Hand ins Wasser taucht, entsteht tatsächlich der Eindruck eines neuen Glücks, von dem der Ich-Erzähler ja ausdrücklich spricht („[U]nd ich freute mich wahnsinnig", 254).

Tatsächlich jedoch betrifft die Freude nur Maik, der nach einem langen Zustand der Selbstentfremdung nun zu einer inneren Gelassenheit und zu einem neuen Selbstbewusstsein gefunden hat. Während er nach einem „tolle[n] Sommer" (254) einer verheißungsvollen Zukunft entgegenblickt, die ihm Freundschaft und Liebe verspricht, muss seine Mutter, sobald sie wieder nüchtern ist, auf die Scherben ihrer Vergangenheit und auf ihr unglückliches Leben zurückblicken. Sie bleibt eine namenlose Person, die, wie ihre Volltrunkenheit im Moment der Vernichtung ihres materiellen Besitzes erkennen lässt, möglicherweise ihre Suchtkrankheit nicht in den Griff bekommt.

Unmündigkeit

Mit ihrer Sucht hat die an sich intelligente, sportliche und schöne Frau zwar vordergründig einen Ausgleich für ihr leeres Leben gefunden, zugleich jedoch hat sie sich damit der Möglichkeit beraubt, der Wirklichkeit wie ein erwachsener Mensch entgegenzutreten und ihr Leben selbst zu gestalten. Stattdessen flüchtet sie sich in die Scheinwelt eines falschen Lebens. Offenbar ging sie niemals einer beruflichen oder privaten Tätigkeit nach, die sie persönlich hätte befriedigen können. Die Versorgung durch ihren Mann und der bürgerliche Wohlstand haben sie in die passive Rolle eines Menschen versetzt, der dementsprechend keine eigene Identität entwickelte.

Hilflosigkeit

Sinnfälliger Ausdruck dafür, dass sie niemals eine eigene Würde erlangt hat, ist die Szene, in der sie Zeugin ist, wie ihr Sohn vom Vater verprügelt wird. Nachdem sie zu Beginn des Streitgesprächs nur „mit dem Strohhalm im Amaretto rum[gerührt]“ (227) hat, ist sie aufgrund ihres betrunkenen Zustands nicht in der Lage, etwas zu unternehmen, als ihr Mann Maik zum ersten Mal schlägt: „‚Josef, lass doch.‘ Meine Mutter versuchte aufzustehen, verlor aber sofort das Gleichgewicht und ließ sich zurück in den Sessel neben der Amarettoflasche sinken.“ (228) Sie kann nur hilflos schreien und fällt schließlich um, als die Gewalt ihren Höhepunkt erreicht (vgl. 230). Ihre äußerst geringe Selbstachtung macht sie unfähig, ihren Sohn vor den Prügeln zu schützen, weil sie selbst niemals bereit war, ihr Leben zu verändern. Dementsprechend zog sie alle Versuche einer erfolgreichen Entzugstherapie ins Lächerliche (vgl. 28–31), anstatt sich der Aufgabe einer ernsthaften Auseinandersetzung mit den Ursachen ihrer Suchtkrankheit zu stellen.

Maiks Mutterliebe

Die letzte Szene des Romans, in der Maik mit ihr auf den Grund des Swimmingpools sinkt, bestätigt gleichwohl die bedingungslose und grundsätzliche Liebe, die der Sohn für seine Mutter empfindet. Schon in Verbindung mit dem offenherzigen Aufsatz, den er in der 6. Klasse über ihre Alkoholabhängigkeit schrieb, bekennt er sich zu ihr:

> „Ich mag meine Mutter. […] ich hab sie immer gemocht, und ich mag sie noch. Sie ist nicht so wie andere Mütter. Das mochte ich immer am meisten. Sie kann zum Beispiel sehr witzig sein, das kann man ja von vielen Müttern nicht gerade behaupten.“ (27)

Maiks Freunde

Andrej Tschichatschow

- Der Russlanddeutsche integriert sich nicht in die Gesellschaft, sondern grenzt sich durch sein ungepflegtes Aussehen sowie durch sein gesetzes- und regelwidriges Verhalten aus.
- Als jugendlicher Rebell erobert er sich die Welt durch riskante Aktionen.
- Als echter Freund zeigt er sich solidarisch, einfühlsam und verantwortlich; er holt Maik aus dessen seelischer Misere von Einsamkeit und Selbstverachtung.
- Als Homosexueller steht er selbst in einem inneren Konflikt, der aber nur unterschwellig zum Ausdruck kommt.
- Sein weiteres Schicksal nach der Heimunterbringung bleibt unerwähnt: Tschick verschwindet fast ebenso plötzlich, wie er aufgetaucht ist.

Tschick – Titel- und Schlüsselfigur

Maiks Erretter, der alles ins Rollen bringt

Tschick ist die Titelfigur des Romans. Damit wird der Eindruck erweckt, als ob er die Hauptperson der Erzählung sei. Tatsächlich jedoch ist er dies ‚nur' für den Ich-Erzähler Maik Klingenberg, dessen bisheriges unglückliches Leben erst durch Tschicks Erscheinen von den festgetretenen Pfaden der Verzagtheit und der Verzweiflung weggeführt wird.

Migrant und Underdog

Der Vierzehnjährige ist zwar deutscher Abstammung, wurde aber 1996 nach eigenen Angaben als „jüdischer Zigeuner" (99) in der südrussischen Millionenstadt Rostow geboren und wohnt erst seit seinem vierten Lebensjahr als sogenannter Spätaussiedler in Berlin.

Kurzer Überblick über die Geschichte der Russlanddeutschen

In diesem Zusammenhang muss man wissen, dass die russische Kaiserin Katharina die Große (1729–1796) ab 1763 die Einwanderung von deutschen Siedlern in unbewohnte oder kaum bewohnte Gebiete Russlands gefördert hat, um dort das Bevölkerungswachstum zu beschleunigen. Schon in den Jahren 1764–1767 emigrierten etwa 30 000 Deutsche nach Russland, wo ihnen im Gebiet der Stadt Saratow an der unteren Wolga Grundbesitz zur landwirtschaftlichen Bearbeitung zugesprochen wurde. Der Anteil ihrer Bewohner wuchs bis 1914 auf etwa 700 000 Menschen an. Nach dem Angriff des nationalsozialistischen Deutschen Reichs auf die Sowjetunion im Jahre 1941 ließ der kommunistische Diktator Josef Stalin (1878–1953) die Wolgadeutschen aus dem europäischen Teil des Landes nach Sibirien, Kasachstan und Zentralasien deportieren, wo sie als Zwangsarbeiter in Arbeitslagern zu Tausenden starben. Erst unter der Herrschaft des sowjetischen Regierungschefs Nikita Chruschtschow (1894–1971) wurden sie im Jahre 1964 vom Vorwurf der Kollaboration mit dem Dritten Reich befreit, doch erst ab 1972 durften sie zu ihren alten Wohnorten zurückkehren.

Neben der Wolgaregion bildeten Südrussland und das nördliche Schwarzmeergebiet in der heutigen Ukraine ein weiteres Zentrum der Besiedlung durch deutsche Kolonisten.

Schon seit den 1960er-Jahren konnten Russlanddeutsche aus Russland aus- und in die Bundesrepublik Deutschland einwandern, wo sie den Status von Aussiedlern hatten. Als Spätaussiedler bezeichnet man Angehörige der deutschen Minderheit in Osteuropa und in Asien, die ab 1993 in die Bundesrepublik Deutschland kamen.

Ein entwurzelter Junge

Andrej Tschichatschow und seine Familienangehörigen gehören demnach zu den über 2,3 Millionen Russlanddeutschen, die zwischen 1950 und 2005 aus der Sowjetunion und deren Nachfolgestaaten (Kasachstan, Ukraine, Weißrussland usw.) nach Deutschland auswanderten. Der Roman gibt praktisch keine Auskunft über die familiären Verhältnisse, in denen er lebt. Die Eltern werden an keiner Stelle erwähnt; es heißt vielmehr, er sei „mit seinem Bruder [...] nach Deutschland gekommen“ (44) und habe dort erst einmal die deutsche Sprache lernen müssen. Im Alter von zehn Jahren hat er zunächst eine Förderschule besucht, d.h. eine Schule für Kinder und Jugendliche mit Lernschwierigkeiten oder mit geistigen oder körperlichen Behinderungen. Der Roman gibt keine Auskunft darüber, weshalb Andrej Tschichatschow diese Schulform besucht hat, so dass man lediglich vermuten kann, dass er nach der Grundschule wegen sprachlicher oder sozialer Schwierigkeiten nicht für den Besuch einer ‚normalen‘ Regelschule geeignet gehalten

Eine ungewöhnliche Schullaufbahn

wurde. Sein schulischer Werdegang führte ihn gleichwohl ziemlich schnell von dort über eine Haupt- und eine Realschule schließlich im Alter von vierzehn Jahren in eine 8. Klasse am Hagecius-Gymnasium (vgl. 45). Dass er über die notwendige Intelligenz verfügt, um die relativ hohen Leistungsanforderungen eines Gymnasiums zu erfüllen, zeigt sich daran, dass er dort zwar erst nach Ostern, also schon zu einem späten Zeitpunkt des 8. Schuljahrs, am Unterricht teilnimmt, jedoch bereits drei Wochen nach einer mit der Note sechs bewerteten Mathematikarbeit eine gute Arbeit schreibt und „in den meisten Fächern einigermaßen mit[kommt]“ (52).

Zustand äußerer und innerer Verwahrlosung

Das äußere Erscheinungsbild des neuen Mitschülers von Maik Klingenberg lässt annehmen, dass er in einem Milieu lebt, das von Armut, Drogensucht und Kriminalität geprägt ist. So heißt es über die Kleidung des Vierzehnjährigen: „Er […] trug ein schmuddeliges weißes Hemd, an dem ein Knopf fehlte, 10-Euro-Jeans von KiK und braune, unförmige Schuhe, die aussahen wie tote Ratten.“ (42) Statt einer Schultasche hat er lediglich eine Plastiktüte (vgl. 54 und 63). In seinem sehr jungen Alter ist er bereits an den wiederholten Konsum von größeren Mengen alkoholischer Getränke gewöhnt, so dass er gelegentlich von Lehrern „ermahnt und nach Hause geschickt“ (52) wird. Während eines späteren Aufenthalts im Haus der Familie Klingenberg trinkt er drei Flaschen Bier (vgl. 96).

Erst gegen Ende der Romanhandlung erfährt Maik von seinem Vater, dass Tschick „schon eine richtige kriminelle Karriere hinter sich [hat], Ladendiebstahl mit seinem Bruder, Schwarzfahren, Betrug und Hehlerei“ (229) und in äußerst beengten Wohnverhältnissen lebt (vgl. ebd.). Nach dem schweren Unfall in einem gestohlenen Geländewagen wird er – wohl aufgrund seiner neuen Straftaten und möglicherweise auch wegen seiner unhaltbaren familiären Lebensbedingungen – in einem Heim untergebracht.

Zwischen Außenseitertum und sozialer Anerkennung

Andrej Tschichatchow ist ein Einzelgänger, der in der letzten Reihe sitzt und nur durch einzelne „Aussetzer“ (52) auffällt. Innerhalb der Klasse wird er zwar nicht akzeptiert („Keiner konnte ihn leiden. Tschick war ein Asi

[…]“, 41), gleichwohl aber respektiert. Dazu trägt zunächst sein fremdartiges, geheimnisvolles Aussehen bei:

> „Sah aus wie ein Mongole, und man wusste nie, wo er damit hinguckte. Den Mund hatte er auf einer Seite leicht geöffnet, es sah aus, als würde in dieser Öffnung eine unsichtbare Zigarette stecken. Seine Unterarme waren kräftig, auf dem einen hatte er eine große Narbe. Die Beine relativ dünn, der Schädel kantig.
> Niemand kicherte […]. Der Russe stand einfach da und sah aus seinen Mongolenaugen irgendwohin.“ (42 f.)

Respektlosigkeit gegenüber Autoritäten

Sein ablehnendes und geringschätziges Verhalten gegenüber dem als autoritär geltenden Geschichtslehrer löst bei den Mitschülern ein gespannte Erwartung aus: „Nach diesem Auftritt mit Wagenbach wusste man einfach: Da passiert noch was, das wird jetzt richtig spannend.“ (46) Der sich wortkarg gebende Mitschüler bleibt für sie zugleich undurchschaubar: „So zusammengesunken, wie er dasaß mit seinen Schlitzaugen, da wusste man nie: Schläft der, ist der hacke, oder ist der einfach nur sehr lässig?“ (48). Die Rätselhaftigkeit seiner Person führt zu allen möglichen wilden

Eine mysteriöse Figur

> „Gerüchte[n] über ihn und seine Herkunft. Tschetschenien, Sibirien, Moskau – war alles im Gespräch. Kevin meinte, Tschick würde mit seinem Bruder irgendwo hinter Hellersdorf in einem Campingwagen wohnen, und dieser Bruder wäre ein Waffenschieber. Jemand anderes wusste, dass er ein Frauenhändler war, und es war die Rede von einer 40-Zimmer-Villa, in der die Russenmafia Orgien feierte […]. Aber […] das war alles Gewäsch, und das kam nur zustande, weil Tschick selbst mit fast niemandem redete.“ (Ebd.)

Die Annahme aber, dass Tschick ein aufregendes Leben in einem kriminellen Milieu außerhalb der gutbürgerlichen Welt führt, verstärkt sich noch, als es ihm gelingt, Oberstufenschüler, die sich über ihn lustig machen und ihn provozieren, mit wenigen Worten zum Schweigen zu bringen (vgl. 48 f.). Tschick trägt selbst durch eine gezielte Aktion bewusst dazu bei, die Phantasien und Klischees der Mitschüler zu bestätigen, indem er im Deutschunterricht eine Textinterpretation vorträgt, die aus Versatzstücken einer grotesken Verbrechergeschichte besteht. Dort ist von „Waffenschieber[n]“, „dunklen Gestalten“ und vom milliardenschweren Handel mit

„Panzer[n] und Flugzeuge[n]" (55) sowie von Morden die Rede.

Ein Missverständnis steht am Anfang der Freundschaft

Tschicks unvermutete Kontaktaufnahme mit Maik Klingenberg beruht auf einem Missverständnis: Er glaubt, dass dieser wie er selbst homosexuell veranlagt sei, weil Maik sich Mädchen gegenüber reserviert zu verhalten scheint (vgl. 85–88). Als Tschick begreift, dass Maik in Tatjana Cosic verliebt ist, schaut er ihn „ganz ernst an". Der Ich-Erzähler deutet diese Reaktion als Ausdruck starken Mitgefühls, doch kann der Blick auch als Zeichen einer tiefen Enttäuschung verstanden werden.

Tschick als Gegenfigur zu Maik

Abgesehen von der einzigen Gemeinsamkeit, welche die beiden Jungen mit ihrem Status als isolierte Außenseiter innerhalb einer Klasse teilen, unterscheidet sich Tschick nicht nur in seiner sexuellen Ausrichtung von Maik. Im Gegensatz zu diesem ergreift er die Initiative, um ein Ziel zu erreichen. Er wartet nicht wie Maik auf eine Einladung, sondern unternimmt etwas, um Menschen, die ihn interessieren, kennenzulernen und Pläne, die er im Kopf hat, zu verwirklichen. Während Maik als angepasster und introvertierter Typ stets defensiv bleibt, erweist Tschick sich von Anfang an als der unangepasste und extrovertierte Typ des Draufgängers und Abenteurers, der nicht ängstlich in einer passiven Haltung verharrt, sondern aktiv und offensiv Risiken auf sich nimmt, um die Möglichkeiten des Lebens auszuloten.

Menschenkenntnis und Lebensklugheit

Er entwendet ein Auto und überredet Maik zu einer gemeinsamen Tour durch die nähere Umgebung, bevor er schließlich auf den Gedanken kommt, dass sie beide trotz fehlender Einladung zu Tatjanas Geburtstagsparty in die 40 Kilometer von Berlin entfernte Kleinstadt Werder fahren. Bald darauf schlägt er eine Reise zu Verwandten in Rumänien vor, ohne überhaupt eine Straßenkarte zur Verfügung zu haben.

Aufgrund seiner viel größeren Lebenserfahrung als deutschstämmiger Russe, der in der Metropole Berlin vermutlich ohne elterliche Betreuung und lediglich in Begleitung seines älteren Bruders den Alltag meistern muss, weiß er bereits viel über Dinge, von denen Maik überhaupt noch keine Ahnung hat. Die Argumente, mit denen er Maik von der Notwendigkeit einer Fahrt nach Werder überzeugt, zeigen, dass Tschicks Verhalten aus einer Mischung von Gleichgültigkeit, Kaltblütigkeit, geistiger Flexibilität und dem Wissen um die optimale Wirkung von Show-Effekten genährt wird:

> „‚Im Ernst, du musst was machen. Wenn du nichts machst, wirst du verrückt. Lass uns da vorbeifahren. Ist doch wurscht, ob du denkst, es ist peinlich. In einem geklauten Lada ist eh nichts mehr peinlich. Zieh deine geile Jacke an, nimm deine Zeichnung und schwing deinen Arsch ins Auto.'
> [...].
> ‚Du bist nicht eingeladen! Na und?'" (89)

Maik kann sich trotz seiner Kleinmütigkeit und Verzagtheit der Logik eines Vorschlags, der die Risiken des eigenen Handelns ausblendet und nur noch auf die Durchsetzung des eigenen Willens zielt, nicht entziehen. Als er Tschick offen bekennt, dass er sich selbst für langweilig und hässlich hält, entgegnet der Freund:

> „‚Du siehst nicht scheiße aus. Oder vielleicht siehst du scheiße aus. Aber daran liegt's nicht. Der Grund ist: Es gibt überhaupt keinen Grund, dich einzuladen. Du fällst nicht auf. Du musst auffallen, Mann.'" (Ebd.)

Feinfühligkeit und Verletzlichkeit

Getreu der Devise, dass soziale Anerkennung nur durch bewusste Selbstinszenierung erreicht werden kann, kultiviert Tschick das negative Bild, das die Gesellschaft von ihm als einem „asige[n] Russe[n]" (229) hat. Doch hinter der Fassade des in der Schule stumm und dann vor Maik und bei der Party aufschneiderisch auftretenden Jugendlichen entdeckt der Leser im Laufe der Romanhandlung einen phantasievollen und mitfühlenden Menschen, der verletzlich und liebesbedürftig ist.

Episodenfigur von zentraler Bedeutung

Tschick tritt innerhalb der Erzählung erst relativ spät und ganz unvermittelt als neuer, aus „den unendlichen russischen Weiten" (44) kommender Mitschüler in Maiks Klasse auf. Ebenso abrupt ist sein vorzeitiges Verschwinden gegen Ende der Romanhandlung, als er nach dem schweren Unfall auf der Autobahn „mit seinem Gipsfuß die Böschung runterhumpelt" (226). Danach tritt er persönlich nur noch einmal kurz während der

Gerichtsverhandlung auf, bevor er wieder ins Heim zurückkehrt (vgl. 232–236). Doch gelingt es ihm in der kurzen Zeit seines Zusammenseins mit Maik, den neuen Freund zu sich selbst finden zu lassen. Maik gewinnt erst durch ihn Selbstvertrauen und Selbstsicherheit.

Isa

Eine Figur wie im Märchen

- Ein elternloses Naturkind im Abfall der Zivilisation
- Ihr zauberhafter Gesang als Ausdruck der Schönheit ihrer Seele
- Isas Reinigung im See: Körperliche Verwandlung des wilden und unnahbaren Mädchens in eine junge und sinnenfrohe Fee
- Begleiterin vom stinkenden Müllberg zum hohen Berg des Treueschwurs der Freunde
- Ein Kuss als Versprechen auf zukünftiges Glück

Ein rätselhaftes Mädchen

Auch Isa, deren Familienname angeblich Schmidt lautet (vgl. 168), wirkt wie Tschick bei ihrem ersten Auftauchen auf einer Mülldeponie zunächst wie eine unwirkliche und geheimnisvolle Erscheinung, bevor sie die beiden Jungen bei ihrer Weiterreise begleitet und sich bald darauf völlig unerwartet von den Weggefährten trennt, um in einem Fernbus zu ihrer Halbschwester nach Prag zu fahren.

Autonom und selbstbewusst

Und wie auch bei Tschick bleiben die Informationen über Isas Herkunft und über ihre Familie äußerst dürftig. Es gibt keine Erklärung dafür, weshalb sie sich in einem völlig verwahrlosten Zustand auf einer Mülldeponie aufhält, wo sie barfuß „wie ein kleines, schnelles Tier" (150) auf die Abfallberge klettert und sich in einer „alten Wohnzimmerschrankwand" (151) niederlässt. Ihre schäbige Kleidung – „eine hochgekrempelte Army-Hose und ein versifftes T-Shirt" – und ihre „schmale[n] Augen" (150) erinnern an Tschicks Erscheinungsbild zum Zeitpunkt seines ersten Schultags am Hagecius-Gymnasium. Der Vorname Isa, der rückwärts gelesen zu dem Wort Asi wird, aber auch eine geläufige Abkürzung für Isabelle oder Isabella ist, verweist auf die Ambivalenz dieser Figur.
Wie der Russlanddeutsche, mit dem sie auf der Deponie gleich ein aggressives und vulgäres Wortgefecht vom

Zaun bricht, ist sie darin geübt, ihren harten Lebensalltag selbst zu meistern. Sie weiß, an welchem Ort man inmitten der riesigen Abfallhalde einen Schlauch findet und wie man damit Treibstoff aus einem Autotank entwendet.

Zentralfigur in Herrndorfs Leben und in seinem Gesamtwerk

Die außerordentlich große Bedeutung, die die Gestalt Isas für Wolfgang Herrndorf besitzt, lässt sich an drei Dokumenten im Umfeld des Romans erkennen. Zum einen berichtet der Schriftsteller in einer autobiographischen Tagebuchnotiz am 29. Juli 2010 „von der Begegnung mit einem Mädchen namens Ines“, das, wie er schreibt, „im Jugendroman […] als Isa auf[taucht]“: Sie

> „wohnte mitten im Wald, unten am Garten vorbei floss ein Bächlein, in dessen seichtem, sandigen Bett wir morgens kilometerweit stromauf wateten. Ines voran, mit dieser Naturhaftigkeit, kletterte barfuß genauso schnell über die Katarakte wie ich. […]
> Zum Einschlafen las sie mir Musils ‚Fliegenpapier', ‚Hellhörigkeit', die ‚Hasenkatastrophe' usw. vor. Wie Bruder und Schwester haben wir dagelegen, geschlafen haben wir nie miteinander. Sie hatte einen Freund und ich eine Freundin. […] Eines Tages verschwand sie aus Nürnberg, ohne eine Adresse zu hinterlassen. Es waren nur ein paar Tage, die ich sie kannte. Ich glaube, die glücklichsten in meinem Leben."
> (Wolfgang Herrndorf, *Arbeit und Struktur*, 3. Aufl., Berlin: Rowohlt 2013, S. 72 f.)

Die beiden anderen Texte sind Wolfgang Herrndorfs erster Roman *In Plüschgewittern* (2002) und sein letzter, unvollendeter Roman mit dem Titel *Bilder deiner großen Liebe* (2014), in denen jeweils ein Mädchen namens Ines bzw. Isa Hauptfigur ist.

Im Gegensatz zu der naturromantischen Szenerie, die der Autor bei der Erinnerung an die kurzzeitige Gefährtin seiner Jugend wachruft, wirken die ersten Szenen, in denen Isa in *Tschick* auftaucht, so abstoßend, dass der Ich-Erzähler „sie lieber gar nicht erst an[spricht]“ (150). Die etwa Vierzehnjährige hat sich inmitten von riesigen „Müllberge[n]“ sozusagen häuslich eingerichtet und ist „ganz verdreckt“ (149). Mit ihren „wulstige[n] Lippen“, ihrer „platte[n] Nase“ (150) und ihren ungepflegten Haaren, die voller Kopfläuse sind, erscheint sie als hässliches Gegenbild zu Tatjana Cosic, die „super aus[sieht]“ (23).

Von der Missgestalt zur schönen jungen Frau

Einen besonders großen Ekel erregt der „entsetzlich[e] […] Riesengestank, der von ihr aus[geht]“ (156). Widerwillen erzeugt auch das unentwegte Reden des Mädchens, das einerseits ständig neugierige Fragen zur Person („ob wir Geschwister hätten“) und zu speziellem Wissen stellt („ob wir Cantors Unendlichkeitsdingens kennen würden“, ebd.), andererseits aber Antworten auf Fragen zu ihrer eigenen Person verweigert.

Maiks Abneigung gegenüber der „unheimlich[en]“ (155) Gestalt verwandelt sich mit einem Mal in Zuneigung, als er sie beim Brombeerpflücken „wahnsinnig schön“ (157) singen hört und von ihrer Wiedergabe des Liedes „Survivor“ von Beyoncé völlig gebannt ist:

> „Ich hielt eine Ranke mit Daumen und Zeigefinger vorsichtig von mir weg und schaute zwischen den Blättern durch auf das Mädchen, das da singend und brummend und Brombeeren kauend im Gebüsch stand. Dazu dann noch der Brombeergeschmack in meinem eigenen Mund und die orangerote Dämmerung über den Baumkronen und im Hintergrund immer das Rauschen der Autobahn – mir wurde ganz seltsam zumute.“ (157 f.)

Erotik

Zur Schönheit des Gesangs tritt die plötzliche Attraktivität des äußeren Erscheinungsbilds, nachdem sich das fremde Mädchen am Ufer eines Stausees entkleidet und mit Seife gereinigt hat. Beim Anblick „der im knietiefen Wasser“ Stehenden bemerkt der Ich-Erzähler, dass sie „eine wirklich tolle Figur“ (167) hat. Wenig später sagt er der mit nackter Brust vor ihm Sitzenden ganz offen, dass sie „super aus[sieht]“ (170). Die erotische Faszination steigert sich zur sexuellen, als Isa ihn in der ihr eigenen Direktheit und Offenheit fragt, ob er „schon mal gefickt“ (171) habe.

Isa: Abbild und Gegenbild der Loreley

Körperliche und musikalische Vollkommenheit treten hier in einer Weise zusammen, die an die Sagengestalt der Nixe Loreley erinnert, die der Legende nach von einem Rheinfelsen aus die auf dem Fluss fahrenden Schiffer mit ihrer verführerischen Gestalt und ihrem ebenso verlockenden Gesang so in den Bann gezogen haben soll, dass die Männer die Kontrolle über sich selbst verloren, nicht mehr auf den Kurs achteten und am Felsen zerschellten. Im Gegensatz zu dieser todbringenden Figur, die – wie es in Heinrich Heines „Loreley“-Gedicht aus dem Jahre 1824 heißt – selbstverliebt ‚ihr goldenes Haar kämmt‘, lässt Isa sich jedoch ihre ungepflegten und verlausten Haare von Maik abschneiden und verhilft ihm mit ihrer Offenheit und Zugewandtheit zu neuer Lebensfreude und Ich-Stärke.

Beyoncés Song „Survivor“ – Isas Ausdruck für ihren starken Lebenswillen

Das von Isa in verstümmeltem Englisch vorgetragene Lied „Survivor“ handelt von den erfolgreichen Überlebensstrategien einer Person, die nach der Trennung von einem geliebten Menschen nicht im Gefühl der Ohnmacht und des Schmerzes versinkt, sondern – im Gegenteil – aus dem Leid neue Kraft und Größe schöpft. So heißt es in dem Refrain: „I'm a survivor / I'm not gon' give up / I'm not gon' stop / I'm gon' work harder / I'm a survivor / I'm gonna make it / I will survive / Keep on survivin'.“ Dieser Songtext lässt sich auch als Selbstaussage verstehen, denn es ist offenkundig, dass das Müllmädchen ein extrem schwieriges Leben führt, in dem es sich gleichwohl zu behaupten versteht. Isa weiß nicht nur, wie man Benzin aus Tanks entwendet, sondern hat auch keine Furcht davor, einen Voyeur (umgangssprachlich: Spanner) mit Steinwürfen von seinem Beobachtungsplatz zu vertreiben.

Menschenkenntnis

Im Gegensatz zu Maik enthüllt sich ihr instinktiv die Homosexualität von Tschick, den sie schon bei der ersten Begegnung als „Russenschwuchtel“ (151) und später als „Homofreund“ (167) bezeichnet.

Isa als Komplementärfigur zu Tschick

Mit Tschick teilt sie die Bedeutung, die dieser für die emotionale, seelische, soziale und geistige Weiterentwicklung von Maik Klingenberg besitzt. Isa ist sozusagen das weibliche Gegenstück zu Tschick. Auch sie trägt entscheidend dazu bei, dass Maik sich innerlich wandelt. Wenn sich auch ihr Erscheinen innerhalb der Romanhandlung nur auf einen verhältnismäßig geringen Zeitraum von nicht einmal ganz drei Tagen beschränkt, so genügen die wenigen Stunden doch, um Maik noch mehr aus seiner inneren Erstarrung zu befreien. Dies betrifft insbesondere sein Verhältnis zum anderen Geschlecht, denn im Gegensatz zu der unerreichbar wirkenden Tatjana Cosic wendet Isa sich ihm zu und spricht

ihn an, wenn auch im ersten Moment in der Art einer aggressiven Vampirin: „Das Mädchen lag unbeweglich da und starrte auf meinen Hals. ‚Komm mal her. Los, komm her.'" (153) Später jedoch zeigt sie sich einfühlsam („‚Und du bist eher so der Stille', sagte das Mädchen und stupste mich an der Schulter [...]", 157), zärtlich („Sie hatte ihre Hand auf mein Knie gelegt [...]", 171) und dann verliebt: Sie sah „mich einen Moment lang an und umarmte mich auch und küsste mich auf den Mund" (176).
Nachdem sie eine längere Zeit verschwunden geblieben ist, erhält Maik plötzlich einen Brief von ihr, der eine Verheißung künftigen Glücks ist: *„Nächste Woche komm ich nach Berlin. Sonntag den 29. um 17 Uhr unter der Weltzeituhr, wenn du nicht noch fünfzig Jahre warten willst. Kuss – Isa."* (250) (Eine Abbildung der Weltzeituhr auf dem Berliner Alexanderplatz befindet sich auf S. 84 der vorliegenden Lektürehilfe.) Wie Tschick befreit Isa den Ich-Erzähler durch ihre Spontaneität und Unbefangenheit aus der Trostlosigkeit seiner Selbstisolation.

Im Gegensatz zu der puppenhaft wirkenden Tatjana besitzt Isa eine innere Schönheit, die sie zu einer unverwechselbaren und begehrenswerten Gestalt macht. Sie verkörpert mit ihrem Freiheitsdrang und ihrem Selbstbewusstsein einen ganz besonderen jungen Menschen, der bereits viele individuelle Züge und erste Merkmale einer Persönlichkeit besitzt.

Maiks Lehrer

- Typen statt Individuen
- Zerrbilder statt Vorbilder
- Zuchtmeister statt Erzieher

Männer ohne Herz und Verstand

Bis auf Frau Beilcke und Frau Pechstein, die nur kurz Erwähnung finden (vgl. 36 und 39 sowie 46), sind alle Lehrer, die der Ich-Erzähler nennt, Männer. Es handelt sich um typenhafte Figuren mit nur wenigen individuellen, meist negativen Eigenschaften. Lediglich **Wilhelm**

Bretfeld, einer von Maiks Grundschullehrern, fällt durch die Bereitschaft auf, dem Kind seine eigene Kunstfertigkeit im Schnitzen und Bemalen von Bumerangs zu vermitteln. Maik ist von der Kompetenz des „Vollprofi[s]“ und von dessen öffentlicher Bekanntheit als „Fachmann im Bumerangbereich“ (25) begeistert.

Schürmann: der pädagogische Versager

Der **Deutschlehrer Schürmann** hingegen erweist sich spätestens dann als unfähiger Pädagoge, als er Maiks Aufsatz mit dem Titel „Mutter und die Beautyfarm“ in der Klasse 6 als das „Widerwärtigste und Ekelerregendste und Schamloseste“ bezeichnet, „was ihm in fünfzehn Jahren Schuldienst untergekommen sei“. Indem er den Schüler auffordert, er solle „sofort diese zehn Seiten rausreißen aus [s]einem Heft“ (32), wird deutlich, wie wenig Schürmann trotz seiner schon längeren Berufstätigkeit in der Lage ist, angemessen auf die Enthüllung der Alkoholsucht von Frau Klingenberg durch deren Sohn zu reagieren. Anstatt das Kind als hilfsbedürftiges Opfer einer katastrophalen familiären Situation und seinen Aufsatz als den Versuch einer Verarbeitung zu sehen, demütigt er den etwa elf- oder zwölfjährigen Schüler, indem er ihm Verantwortungslosigkeit vorwirft.

Schürmann besitzt zugleich wenig Durchsetzungsvermögen. Bei massiven Störungen bittet er lediglich *„um ein wenig mehr Ruhe“* (41) und wagt es vor allem gegenüber dominanten Schülern nicht, Regelverletzungen mit erzieherischen Gegenmaßnahmen zu beantworten.

Auch der **Deutschlehrer Kaltwasser**, der die Klasse in der Jahrgangsstufe 8 unterrichtet, wirkt bei unterrichtlichen Herausforderungen schwach und hilflos, so etwa, als er eine sehr eigenwillige Textanalyse von Tschick völlig unkommentiert und unbenotet lässt. Wie schon Herr Schürmann, der phantasie- und einfallslose Aufsätze „wahnsinnig toll“ (26) findet, bevorzugt auch dieser Deutschlehrer die „richtige Interpretation, wie sie auch bei Google steht“ (55). Er lässt langweilige Diskussionen über Themen führen, die mit der Lebenswelt der Schüler nichts zu tun haben, so etwa darüber, „ob Brecht Kommunist gewesen war“ (56).

Kaltwasser: Alter Ego des Herrn K.

Der Ich-Erzähler beschreibt Herrn Kaltwasser zwar als Lehrer, der „einen okayen Unterricht macht", zugleich aber als eine Person, die undurchschaubar ist: „Der kommt rein wie eine Maschine und fängt an zu reden, und dann geht Kaltwasser wieder raus, und man weiß nicht, was man davon halten soll." (53) Durch seine äußere Teilnahmslosigkeit und Unberechenbarkeit errichtet sich dieser Lehrer einen Schutzwall, mit dem er für die Schüler unangreifbar und damit unverletzbar bleibt. Indem er den Unterricht „superkorrekt" (ebd.) durchführt und eine ironische Sprechweise pflegt („Herr Tschichatschow, darf ich bitten?", 54), vermeidet er jede echte Beziehung zu den Jugendlichen. Auf diese Weise entspricht er genau der Figur des Herrn K. bei Brecht, wie sie Tschick in seinem Aufsatz darstellt:

> „‚Die erste Frage, die man hat, wenn man Brechts Geschichte liest, ist logisch, wer sich hinter dem rätselhaften Buchstaben K. versteckt. Ohne viel Übertreibung kann man wohl sagen, dass es ein Mann ist, der das Licht der Öffentlichkeit scheut. Er versteckt sich hinter einem Buchstaben, und zwar dem Buchstaben K.'" (55)

Wagenbach: der autoritäre Charakter und Zyniker

Ebenso verhält es sich mit dem **Geschichtslehrer Wagenbach**, der das Gegenteil dessen verkörpert, was einen guten Pädagogen ausmacht. Anstatt offen, verständnisvoll und einfühlsam zu sein, beherrscht er die Klassen durch furchterregende Strenge: „Wenn bei Wagenbach ein Handy klingelt, kann derjenige sicher sein, die große Pause nicht lebend zu erreichen. Es gibt sogar das Gerücht, dass Wagenbach früher mal einen Hammer dabeihatte, um Handys zu zerkloppen." (41) Seine innere Anspannung, die sich in der „Marotte" äußert, die „Luft durch ein Nasenloch" (43) einzuziehen, gleicht er durch ironische Distanz aus, als er beispielsweise Tschick der Klasse vorstellt:

> „‚Also', sagte er. ‚Andrej Tschicha…schoff heißt unser neuer Mitschüler, und wie wir an seinem Namen bereits unschwer erkennen, kommt unser Gast von weit her, genau genommen aus den unendlichen russischen Weiten, die Napoleon in der letzten Stunde vor Ostern erobert hat – und aus denen er heute, wie wir sehen werden, auch wieder vertrieben werden wird.'" (44)

Zu den besonders negativen Gewohnheiten des Lehrers zählt es, dass er Schüler vor anderen bloßstellt, indem er etwa im Klassenraum „aus konfiszierten Handys den kompletten SMS-Speicher" (240) vorliest. Auf diese Weise erzielt er große Begeisterung bei denjenigen, die von der öffentlichen Zurschaustellung privater Angelegenheiten nicht betroffen sind. Der „Riesenknaller", den er damit bewirkt, dass er Maiks und Tatjanas Informationsaustausch auf Zetteln in der Art eines dümmlichen Gesprächs vorträgt und auch noch sarkastisch kommentiert, wird von der Klasse mit ‚brüllendem' Gelächter beantwortet. Wagenbach, der aus der Sicht des Ich-Erzählers „nicht dumm" (41) ist, wertet sich durch die Herabwürdigung von Menschen selbst auf.
Selbst der Leser kann sich der komischen Wirkung seiner demütigenden Inszenierung in Kapitel 47 nicht ganz entziehen; er wird vielmehr ebenfalls von der grotesken Schaueinlage des „debile[n] Zeichentrickbärs" (244) zum Lachen gebracht.

Strahl:
der Stratege

Während Wagenbach die Sprache einsetzt, um auf Schüler Druck auszuüben, bedient sich der **Mathematiklehrer Strahl** dazu der Zahlen. Er „malte immer erst mal den Klassenspiegel an die Tafel, um einem Angst zu machen" (50). Sehr gute Noten gibt es bei ihm praktisch nie („Bei Strahl war eine Zwei minus fast eine Eins", ebd.).

Wolkow:
Körper statt Geist

Der angeblich siebzigjährige **Sportlehrer Wolkow** hingegen beeindruckt die Schüler zwar durch seine körperliche Fitness und durch seine „Wahnsinnskondition" (37), langweilt sie zugleich aber auch durch sein ständiges Reden über Fußball. Maik hält den fortwährend ‚quatschenden' „Schwafelwolkow" (37) wie die meisten anderen Lehrer für „dumm" (41).

Maiks Mitschüler

- Adoleszenz als Krise im Übergang von der Abhängigkeit zur Selbstständigkeit
- Innerer Konflikt zwischen gesellschaftlicher Anpassung und Rebellion gegen gesellschaftliche Zwänge
- Rollenfindung als Mann und Frau
- Stigmatisierung der Schüler, die nicht den Normen entsprechen

Jugendliche zwischen Kindheit und Erwachsenenwelt

Die Klasse 8c am Berliner Hagecius-Gymnasium entspricht dem typischen Bild einer größeren Gruppe von Heranwachsenden, die alle um ihren Platz in einer schulischen Gemeinschaft ringen und dabei vor allem ihre Geschlechtsrolle als Mädchen und Jungen ausloten.

Hans, Lutz und Kallenbach: geächtet, ausgegrenzt, auf verlorenem Posten

Ebenso wie die Darstellung der Lehrer ist aber auch diejenige der Schüler subjektiv geprägt, denn sämtliche Informationen über einzelne Personen sind durch die Wahrnehmungen und Meinungen des Ich-Erzählers Maik Klingenberg gefiltert, der selbst eine Außenseiterposition im Klassenverband einnimmt und dort vorübergehend den Spitznamen Psycho trägt (vgl. 21). Zahlreiche Aussagen über Mitschüler beschränken sich auf negative Klischees, so etwa, wenn **Hans** als „Nazi" und „Fußballtrottel" beschrieben wird, der „schwitzend hinterm Feld herkeucht" und dabei „Ha-ho-he! Hertha BSC!" (37) brüllt. Die Reduktion auf Einzelmerkmale findet sich auch bei **Heckel**, der als „Tonne auf zwei Stelzen", als „Hochsprung-Legastheniker" und als „Fettsack" (38) bezeichnet wird. Wie Heckel bleibt auch dem „Klassentrottel" Kallenbach die Anerkennung verwehrt, indem nicht der Vorname, sondern nur der Familienname genannt wird.

André Langin: gut aussehend und selbstverliebt

Nur wenige männliche Schüler sind Gegenstand der Bewunderung von Maik. Zu ihnen gehören das „Mathegenie" (39) **Kevin** und „[d]er schöne André" (33). Maik hasst den fünfzehnjährigen **André Langin** wegen dessen Erfolgen bei Mädchen, doch bekennt er trotz seiner Neidgefühle und seiner Eifersucht, dass der Sitzenbleiber André zwar „nicht gerade die hellste Kerze im Leuchter, aber […] auch nicht komplett hohl" ist: Er kann nach

Maiks Worten vielmehr „ganz nett sein, und er hat was Lässiges, und er sieht [...] ziemlich gut aus" (ebd.). Zudem ist André der Sohn eines bekannten Stadtpolitikers, der mit seiner Familie „ein riesiges Haus" (34) bewohnt. André erscheint als ein dominanter Charakter, der das Meinungsbild der Klasse beherrscht und etwa bei abfälligen Äußerungen über andere sofort Zustimmung erfährt (vgl. 35).

Nach dem ersten Autounfall gibt Maik seinen Freund Tschick im Krankenhaus als André Langin aus, weil er seit einer Schuluntersuchung weiß, wo dieser privat krankenversichert ist. Indem er die Krankenversicherung von André angibt, ermöglicht er Tschick eine ärztliche Behandlung seiner Fußverletzung auf Kosten der Familie Langin (vgl. 199).

Tatjana Cosic – im Mittelpunkt des männlichen Begehrens

Unter den Schülerinnen ragt **Tatjana Cosic** „wie eine Sonne" (91) heraus. In der gleichen Weise, wie der Ich-Erzähler unumwunden seine mehr oder weniger starke Abneigung gegenüber einzelnen Klassenkameraden bekundet, betont er wiederholt seine heftige Zuneigung zu der Dreizehn- bzw. Vierzehnjährigen, von der er lediglich die Herkunft aus Serbien oder Kroatien, die Berliner Adresse „in einem weißen Mietshaus mit vielen Fenstern" (23), die genaue Körpergröße (1,65 m) und die guten schulischen Leistungen in Sport und Englisch kennt (vgl. ebd.). Ihre beste Freundin ist **Natalie**.
Maik hält Tatjana für das „schönste Mädchen der Welt" (8) und erkennt „eine gewisse Ähnlichkeit" (58) mit der US-amerikanischen Sängerin und Schauspielerin Beyoncé Knowles (geb. 1981), deren Pop-Musik Tatjana besonders liebt. Mangels näherer Angaben zum Aussehen von Tatjana entsteht beim Leser der Eindruck einer glatten Gesichts- und Profillosigkeit des Mädchens, das den Verehrer erst wahrnimmt, als dieser uneingeladen mit Tschick während Tatjanas Geburtstagsfeier im Haus ihres Onkels in Werder bei Potsdam auftaucht und ihr eine Zeichnung von Beyoncé als Geschenk überreicht. Sie reagiert darauf „irritiert" (93) und sprachlos.

Tatjanas Interesse an männlichen Abenteurern

Dass sie nicht eigentlich an Maik persönlich, sondern nur an spektakulären Ereignissen interessiert ist, zeigt sich auch, als sie sich bei ihm am ersten Schultag nach den Sommerferien danach erkundigt, was mit ihm passiert ist (vgl. 238 f.). Auf dem zweiten Zettel, den sie Maik während der Geschichtsstunde zukommen lässt, drängt sie ihn zu genauen Informationen mit den Worten: *„Jetzt sag schon! Es interessiert mich wirklich."* (239) Sie richtet sich mit ihrem Anliegen zwar direkt an Maik, doch geht es ihr vor allem darum, ihre Neugierde im Hinblick auf seine abenteuerlichen Erlebnisse zu befriedigen. Maiks Attraktivität besteht für Tatjana nicht in seiner Person, sondern in seinen Heldentaten.

Tatjana als imaginäre Schlüsselfigur

Schon im ersten Kapitel seines Berichts macht der Ich-Erzähler deutlich, dass Tatjana zwar der Auslöser für seine fluchtartige Abreise aus Berlin war („[G]enau genommen wäre ich nicht hier [auf der Polizeistation], wenn es Tatjana nicht gäbe"), sie aber „in der ganzen Geschichte überhaupt nicht vor[kommt]" (8). Tatjana, die ursprünglich die sehnsuchtsvolle Projektion seiner Liebesträume war, besitzt demnach keine wirkliche Bedeutung mehr für seine jüngste Vergangenheit:

> „Auf der ganzen Reise hab ich mir immer vorgestellt, dass sie uns sehen kann. Wie wir oben aus dem Kornfeld rausgucken. Wie wir mit dem Bündel Schläuche auf dem Müllberg stehen wie die letzten Trottel… Ich hab mir immer vorgestellt, Tatjana steht hinter uns und sieht, was wir sehen, und freut sich, wie wir uns freuen. Aber jetzt bin ich froh, dass ich mir das nur vorgestellt hab." (Ebd.)

Reisebekanntschaften

➟ Eine Gruppe von jungen Adligen bei einer Fahrradtour ➟ Eine kinderreiche Landfamilie mit alternativen Lebensformen ➟ Ein einsamer alter Mann in einem verfallenen Dorf ➟ Eine unbeholfene Helferin – fettleibig, zupackend und skurril	Menschen ‚am Rande' der Gesellschaft

Während ihrer mehrtägigen Fahrt treffen Maik und Tschick eine Reihe von Personen, die alle wie aus der Zeit gefallen zu sein scheinen. Sie zeigen ein mehr oder weniger seltsames Verhalten und wirken in ihrem Auftreten so sonderbar, dass sie für die beiden Protagonisten rätselhaft bleiben.

Wenn der Ich-Erzähler eine kleine Gruppe von jugendlichen Radfahrern in der Begleitung eines einzelnen Erwachsenen beschreibt, denen er und sein Freund als Erstes begegnen, so drückt er sofort seine Verwunderung über das „merkwürdig[e]“ Aussehen der „Jungen und Mädchen“ aus, die „[f]ür einen Klassenausflug [...] zu klein, für eine Familie zu groß und für die Tour des Behindertenheims zu gut gekleidet“ (123) sind. Dass mit den Personen ‚irgendetwas nicht stimmen kann‘, schließt er aus seinen unbestimmten und widersprüchlichen Beobachtungen, die ihn ratlos machen:

> „Sie trugen alle so Klamotten. Keine Markenklamotten, aber es sah auch nicht billig aus, im Gegenteil. Sehr teuer und irgendwie behindert. Und sie hatten alle sehr, sehr saubere Gesichter. Ich weiß nicht, wie ich das beschreiben soll, aber die Gesichter waren irgendwie sauber. Das Merkwürdigste aber war der Betreuer. Der redete mit denen, als wären sie seine Vorgesetzten.“ (124)

Jugendliche aus dem privilegierten Milieu der gesellschaftlichen Oberschicht

Die Selbstauskunft eines der Mädchen, dass sie „Adel auf dem Radel“ seien und von „Gut zu Gut“ (ebd.) führen, lässt für den Leser den Rückschluss zu, dass es sich um etwa zwölf Kinder aus aristokratischen Familien handelt, die von einem angestellten Betreuer bei einer Fahrradtour zu verschiedenen Gutshöfen von Adligen geführt werden, wo sie Station machen. Tatsächlich existiert heute in deutschen Adelskreisen noch die Gewohnheit, Sommerfreizeiten mit dem Titel „Adel auf dem Radel“ durchzuführen, „bei denen blaublütige Kinder und Jugendliche gruppenweise von Gut zu Gut fahren“ (http://www.rad-spannerei.de/blog/2008/08/25/adel-auf-dem-radel/).
Das uniforme und gepflegte Erscheinungsbild der Heranwachsenden, die einer exklusiven und privilegierten Oberschicht angehören, weicht von den vertrauten Maßstäben der gesellschaftlichen Mittel- und Unterschicht so weit ab, dass Maik und Tschick vorübergehend ihre Selbstsicherheit verlieren (vgl. 124 f.)

Die nächste Begegnung führt sie in einem Dorf wieder mit einem Radfahrer zusammen, dessen Auftritt aber in einem starken Gegensatz zu dem Bild der jungen Adligen steht. Es handelt sich um einen zwölfjährigen Jungen namens **Friedemann**, der auf einem „Holzfahrrad ohne Pedale“ sitzt. Um auf diesem Laufrad für Kleinkinder „vorwärtszukommen, muss[te] er die Beine vor- und zurückschleudern“ (126). Außer der mutmaßlichen Unfähigkeit, ein normales Fahrrad zu handhaben, gibt es weitere Anzeichen für eine körperliche und geistige Behinderung des Jungen: Er „glotzt [...] mit riesigen Augen [...] wie ein großer behinderter Frosch“, hat „unglaublich viel Zahnfleisch“ (127) und scheint trotz intensiven Nachdenkens nicht in der Lage zu sein, den Weg zu einem Supermarkt zu beschreiben:

> „Der Junge nickte eifrig, hob eine Hand an den Kopf, als würde er sich kratzen wollen, und zeigte mit der anderen unentschlossen in der Gegend rum. Dann fand sein Zeigefinger plötzlich ein Ziel zwischen den Häusern. Da sah man kurz vorm Horizont ein einsames Gehöft zwischen hohen Pappeln. ‚Da ist Froehlich! Da kaufen wir immer ein.‘“ (Ebd.)

Doch der Anschein von Blödheit täuscht. In Wirklichkeit besitzt der Junge so viel Wissen, dass er selbst komplizierte Quiz-Fragen beantworten kann.

Das Quiz ist Bestandteil des Mittagessens, zu dem die beiden Protagonisten von Friedemanns Mutter eingeladen werden. Dasjenige von den insgesamt fünf Kindern, welches eine Frage am schnellsten richtig beantworten kann, erhält die jeweils größere Portion Nachtisch.

Eine glückliche kinderreiche Familie außerhalb der Konsumgesellschaft

Die Einladung zu dem gemeinsamen Essen erfolgt, obwohl die Mutter den Angaben von Maik und Tschick keinen Glauben schenkt. Als die beiden aber erklären, dass sie eine Fahrradtour durch Ostdeutschland machen und gerade eine Panne haben, sieht sie sie zwar „misstrauisch“ an, doch ändert sich trotz der offenkundigen Lügen „[n]ichts an ihrem Gesichtsausruck und nichts an ihrer Haltung“ (129), als sie die „jungen Leute aus Berlin“ (ebd.) zu Gästen erklärt und sie am einfachen Mahl der kinderreichen Familie teilnehmen lässt. Sie bleibt weiterhin ausgesprochen liebenswert, bedenkt Tschick und

Maik „mit einem freundlichen Blick“ (131), zeigt den Kindern ihr Lächeln und streicht ihrem Sohn Jonas „liebevoll übers Haar“ (133), um ihn zu trösten.
Für Tschick und Maik steht abschließend fest, dass es „tolle, spinnerte Leute“ sind, die „nett waren und ein bisschen durchgeknallt, verdammt gutes Essen machten und außerdem wahnsinnig viel wussten [...]“ (134).

Im Gegensatz zu der friedfertigen und fürsorglichen Mutter von fünf Kindern empfängt **Horst Fricke** die beiden Jugendlichen mit gezielten Gewehrschüssen, weil er sie offenbar für gefährliche Eindringlinge hält. Er ist ein „alter Mann“ (183), der in den Ruinen eines verlassenen Dorfes in einem Tagebaugebiet lebt. Er bewohnt ein verfallenes Haus, dessen Wohnzimmer „unglaublich düster und dreckig“ (184) ist.
Der Ich-Erzähler und sein Freund folgen der Aufforderung zum Eintritt in das Gebäude, weil „der Alte [...] nicht völlig gestört“ zu sein scheint und „wie ein normaler Mensch“ (ebd.) redet. In Wirklichkeit jedoch handelt es sich um einen Verrückten, der während des Zweiten Weltkriegs als Soldat an der Ostfront gekämpft hat und sich damit brüstet, die Russen „[w]ie Tontauben [...] weggeknallt“ (187) zu haben. Sein wirrer Bericht vom einsamen Gefecht gegen die ‚Horden des Iwan‘ lässt die Vermutung zu, dass Horst Fricke vom Krieg so traumatisiert ist, dass die Erinnerungen daran ihn auch über sechzig Jahre nach dem Ende des Dritten Reiches vollkommen beherrschen. Auch wenn er sich rühmt, „bester Schütze seiner Einheit“ (ebd.) gewesen zu sein, so zeigt der Bericht vom mörderischen Kampf gegen die anrückenden sowjetischen Soldaten doch deutliche Spuren seiner ständigen Todesangst:

Ein Mensch, der nur noch in der Vergangenheit lebt und von der Gegenwart nichts weiß

> „Die oder ich! Das war die Frage. Jeden Tag Iwans, jugendliches Fleisch, das auf uns zugetaumelt ist. Ein Ozean aus Fleisch. Die hatten ja zu viel davon. Von wegen Lebensraum im Osten. Bei denen stand einer von der Tscheka hinter jeder Linie und hat jeden abgeknallt, der nicht rauswollte in unser Sperrfeuer. Denkt man immer, die Nazis waren grausam. Aber im Vergleich zum Russen: Fliegenschiss. Und da haben sie uns ja letztlich mit überrollt. Mit Fleisch. Mit Maschinen hätten sie das nie geschafft. Ein Iwan und noch ein Iwan und noch ein Iwan. Ich hatte zwei Zentimeter Hornhaut auf meinem rechten Zeigefinger.“ (Ebd.)

Horst Fricke lebt – wie sich auch an den „Unmengen Schwarzweißfotos" (184) an der Wohnzimmerwand erkennen lässt – nur noch in einer fernen und fürchterlichen Vergangenheit. Seine Frage, ob man in Berlin „noch unbehelligt über die Straße gehen könnte" (ebd.), zeigt, dass er glaubt, dass dort „Mord und Totschlag" (ebd.) herrschen.

Horst Frickes Angaben zur eigenen Person – auf dem Prüfstand der geschichtlichen Wirklichkeit

Mehrere der Informationen, die Horst Fricke über sein Leben während der nationalsozialistischen Diktatur gibt, bleiben unklar und widersprüchlich. Er behauptet, Mitglied der kommunistischen „Widerstandsgruppe Ernst Röhm" (186) gewesen zu sein und dabei eine Liebesbeziehung mit der Widerstandskämpferin Else geführt zu haben. Das Mädchen habe verbotene englische Literatur und darunter auch Werke des „Juden Shakespeare" (ebd.) übersetzt. Nachdem sie in einem Konzentrationslager vergast worden sei, sei er „im Strafbataillon mit [s]einer Flinte durch den Kursker Bogen gekrochen" (ebd.).

Ein kommunistischer Widerstandskämpfer?

Zu den Fakten: Die Schlacht bei Kursk oder Schlacht im Kursker Bogen während des Zweiten Weltkriegs war der letzte Großangriff der deutschen Armee im Krieg gegen die Rote Armee der Sowjetunion. Sie fand vom 5. bis 16. Juli 1943 unter dem deutschen Decknamen *Unternehmen Zitadelle* 500 km südlich von Moskau unweit der Grenze zur Ukraine statt und gilt als die größte Panzerschlacht in der Geschichte der Kriegsführung. Auf russischer Seite verloren etwa 177 000 Soldaten, auf deutscher Seite etwa 54 000 Soldaten ihr Leben.

Soldat an der Ostfront

Wenn Horst Frickes Aussagen stimmen, so müsste er in der sogenannten Strafdivision 999 zum Militärdienst gezwungen worden sein. Hier wurden Strafgefangene und insbesondere auch Nazi-Gegner dazu gezwungen, bei Kampfeinsätzen der Deutschen Wehrmacht in Nordafrika und an der Ostfront mitzuwirken.

Soldat in einem Strafbataillon?

Der Bericht des alten Mannes enthält zugleich allerdings Informationen, die unglaubwürdig sind. Wenn beispielsweise von der „Widerstandsgruppe Ernst Röhm" (186) die Rede ist, so muss man wissen, dass Ernst Julius Günther Röhm (1887–1934) kein Kommunist, sondern – im Gegenteil – ein enger Vertrauter Adolf Hitlers war.

Mitglied der SA?

Als eines der ersten Mitglieder der Nationalsozialistischen Deutschen Arbeiterpartei (NSDAP) führte er ab 1931 die paramilitärische Kampforganisation der SA (Sturmabteilung), eine brutale, mörderische Schlägertruppe im Dienste der NSDAP. In der Nacht vom 30. Juni auf den 1. Juli 1934 wurden Ernst Röhm und weitere Funktionäre der SA von der Schutzstaffel der NSDAP (SS) und mit Unterstützung der Geheimen Staatspolizei (Gestapo) verhaftet und sogleich umgebracht, weil Hitler in der SA eine Gegenmacht sah, die ihm gefährlich werden konnte.

Hass auf die Russen

Horst Fricke erweist sich zudem als überzeugter Gegner der „Scheißrussen", obwohl die Russen als Kommunisten seine Verbündeten hätten sein müssen.

Völlig ungeklärt bleibt auch seine Beziehung zu Else, die offenbar englische und französische Literatur übersetzte. Die Gründe für ihre Deportation in ein Konzentrationslager und für ihre Ermordung bleiben ungenannt, doch lässt sich annehmen, dass die junge Frau Jüdin und aus rassistischen Gründen verfolgt war. Horst Fricke hingegen scheint nicht nur ignorant und realitätsfremd zu sein, sondern auch eine antisemitische Einstellung zu besitzen, wenn er den weltberühmten englischen Dramatiker und Schauspieler William Shakespeare (1564–1616) fälschlicherweise als „Juden" (186) bezeichnet.

Ein Antisemit?

Überdruss am Leben

Horst Fricke hat sein Leben längst aufgegeben. Während er im Sommer 2010, dem Zeitpunkt der Romanhandlung, bereits annähernd 90 Jahre alt sein dürfte, besteht der Inhalt seines Daseins ausschließlich in der Erinnerung an seine Jugend, die von einer prägenden Liebeserfahrung, jedoch zum größten Teil von mörderischen Kämpfen um das eigene Überleben bestimmt war. Und so lautet auch sein resignatives Fazit: „Alles sinnlos. Auch die Liebe. Carpe diem." (188) Der lebensrettende Zauber, der angeblich vom Inhalt eines Fläschchens ausgehen soll, das er den beiden Jungen schenkt, erweist sich entsprechend als stinkende Flüssigkeit.

Ganz im Gegensatz zu dem Kriegsveteranen Horst Fricke, der wie ein Eremit in den Ruinen seiner Vergangenheit haust, steht die namenlose **Sprachtherapeutin**, die

Die Sprachtherapeutin – ein Vorbild an Selbstlosigkeit

Maik und Tschick nach dem ersten Unfall zu Hilfe eilt, mitten im Leben. Wenn sie auch wegen ihrer Dickleibigkeit („Ein Flusspferd brach vor uns durch die Büsche", 190) und wegen ihrer Ungeschicklichkeit („Dann fiel ihr der Feuerlöscher aus der Hand und auf Tschicks Fuß", 192) wie eine groteske Witzfigur beschrieben wird, so findet der Ich-Erzähler sie nicht nur „wirklich wahnsinnig nett" (200), sondern bezeichnet sie sogar als „die Netteste von allen" (201). Der Superlativ gilt insbesondere ihrer außerordentlichen Sorge um das Wohlergehen der Verunglückten und ihrer selbstlosen Hilfsbereitschaft und Tatkraft: Sie trägt ganz allein den gehunfähigen Tschick zu ihrem eigenen Auto, fährt die beiden ins Krankenhaus, wartet dort mit ihnen in der Notaufnahme stundenlang auf die ärztliche Behandlung, versorgt sie währenddessen mit „Getränke[n] und Schokoriegel[n] aus einem Automaten" (199) und gibt ihnen zum Schluss einen größeren Geldbetrag für die Heimfahrt. Obwohl ihre Gutmütigkeit gelegentlich die Grenzen zur Dummheit überschreitet, wenn sie etwa in ihrer Naivität den Lügen der Jungen Glauben schenkt, so beeindruckt sie beide durch die vorbehaltlose Solidarität, mit welcher sie ihnen zur Seite steht. Sie verkörpert – wenn auch in einer überzeichneten Weise – eine Herzlichkeit und Mütterlichkeit, die ihre Schützlinge zuvor niemals erfahren haben. Trotz ihrer äußerst riskanten Fahrweise zeigt sie ein hohes Maß an Verantwortung und an Zuwendung.

Themen

Zwischenmenschliche Beziehungen

Familienleben

Die Familie als Patient	➟ Ende von Ehe und Partnerschaft zwischen Josef Klingenberg und seiner Frau ➟ Grobe Vernachlässigung des einzigen Sohnes durch die Eltern

Mangelnde elterliche Fürsorge und fehlende emotionale Wärme für das Kind

Maik Klingenberg ist der einzige Sohn eines Ehepaares, das seiner elterlichen Verantwortung in keiner Weise nachkommt. Sowohl der Vater als auch die Mutter sind so sehr auf sich selbst fixiert, dass sie das Kind grob vernachlässigen. Während der Immobilienhändler Josef Klingenberg bereits seit vielen Jahren mit seinen beruflichen Problemen und außerehelichen Affären beschäftigt ist, muss seine seelisch kranke Frau wegen ihrer Alkoholabhängigkeit wiederholt in Suchtkliniken therapiert werden. Frau Klingenberg hatte schon zu der Zeit, als Maik noch ein kleines Kind war, viel Zeit im Tennisverein verbracht, wo er dann unter ihrem Tisch saß, dort mit Autos spielte und die von oben herunterfallenden Flaschenkorken aufsammelte. Um sich nicht persönlich um den Jungen kümmern zu müssen, hat sie ihm im Club als Ersatz für die fehlende Zuwendung maßlos viel süße Speisen und Getränke bezahlt (vgl. 27). Später ist sie unfähig, ihren Sohn vor den Schlägen des gewalttätigen Ehemannes zu schützen (vgl. 227–230).

Wechselseitige Entfremdung der Eheleute Klingenberg

Psychodrama des vernachlässigten Kindes

Zwischen den Eltern kommt es häufig zu lautstarken Auseinandersetzungen (vgl. 70), die offenlegen, dass das Verhältnis zwischen ihnen völlig zerrüttet ist. Anscheinend ist Maik die Anwesenheit der beiden so unangenehm, dass er ihre Abwesenheit als besonders wohltuend empfindet. So berichtet er nicht nur von seinem grundsätzlichen Desinteresse an gemeinsamen Urlauben mit ihnen (vgl. 25), sondern auch davon, dass er als Schüler der Klasse 6 einmal „tolle Sommerferien“ hatte, als „[s]eine Eltern […] fast nie zu Hause“ (26) waren.

Als Maik nach seiner abenteuerlichen Reise vor Gericht steht, beschreibt der Jugendgerichtshelfer seine familiäre Situation als verheerend (vgl. 236).

Tschick und Isa: ohne Eltern und ganz auf sich gestellt

Auch Andrej Tschichatschow und Isa (Schmidt) stammen zweifellos aus zerrütteten Familien und wachsen offenbar ohne Eltern auf. Während der eine lediglich mit seinem dreißigjährigen Bruder zusammenlebt, der ihn zu Straftaten anstiftet (vgl. 83; 229), ist von der anderen lediglich bekannt, dass sie eine Halbschwester in Prag hat (vgl. 176; 250). Beide scheinen ansonsten völlig auf sich selbst gestellt und daher auch aus der Bahn geraten zu sein.

Gegenbeispiele von intakten Familien

Innerhalb des Romans finden sich lediglich zwei Familien, die zumindest nach außen hin intakt sind. Zum einen ist dies die Familie des Mitschülers Lutz Heckel, den Maik und Tschick außerhalb von Berlin vor einer Bäckerei in einem kleinen Dorf antreffen. Die „Tonne auf Stelzen", wie der Ich-Erzähler den Klassenkameraden spöttisch nennt, macht offenbar gerade einen Ausflug mit den Eltern. Der Vater erweist sich als liebenswürdiger und großzügiger Mann: Er spendiert den angeblichen Fahrradfahrern Brötchen zur Kräftigung für die Weiterfahrt und hat dabei freundliche Worte für sie übrig (vgl. 116 f.)

Besonders eindringlich ist das Bild der anderen Familie, auf welche Maik und Tschick bald darauf infolge der Begegnung mit dem etwa zwölfjährigen Friedemann stoßen. Dessen Mutter lädt sie spontan zum Mittagessen ein, bei dem neben Friedemann auch dessen vier Geschwister im Alter zwischen sechs und neun Jahren anwesend sind. Für die beiden Gäste ist die idyllische Situation eines gemeinsamen Essens im Kreis einer Großfamilie so ungewöhnlich und wohltuend, dass ihnen der „Reis mit Pampe", den sie in einem Garten an einem großen weißen Holztisch gereicht bekommen, „phantastisch" (130) schmeckt. Beim Verzehr des Nachtischs stellt Maik fest, dass er „noch nie so geilen Schaum mit Himbeeren drauf gegessen" (131) hat.
Das „Mahl" wird sicher auch deshalb von Tschick als „superbonfortionös" (131) bezeichnet, weil weder er noch Maik bislang eine solche familiäre Gemeinschaft erleben durften. Das Lächeln der Mutter und ihre zärtli-

chen Gesten gegenüber den Kindern erscheinen geradezu als Gegenbild zu dem einsamen und lieblosen Dasein, das Maik zu Hause führen muss.

Freundschaft

Zentrales Thema des Romans	
	→ Existenzielle Bedeutung von Freundschaft für den Menschen → Freundschaft und Seelenverwandtschaft → Freundschaft als Insel der Gemeinschaft in Zeiten der Vereinzelung des Individuums

Wolfgang Herrndorf widmete *Tschick* seinen vielen Freunden, die ihm gerade auch in seiner letzten Lebenszeit halfen, die Krankheit zu erdulden und seine schriftstellerische Arbeit fortzusetzen. Der Roman ist, wie es in einem Artikel über Herrndorfs Tagebuch *Arbeit und Struktur* heißt, „ein Hohelied auf die Freundschaft" (Ralph Gerstenberg, „Wolfgang Herrndorf: Tagebuch über den Prozess des Sterbens", 19. Dezember 2013; http://www.deutschlandfunk.de/wolfgang-herrndorf-tagebuch-ueber-den-prozess-des-sterbens.700.de.html?dram:article_id=272540).

Erst die Freundschaft mit Andrej und Isa befreit den Ich-Erzähler aus seinem freudlosen Dasein in Elternhaus und Schule, da sie ihm zum ersten Mal in seinem Leben nicht nur Halt und Geborgenheit gewährt, sondern auch Lebensfreude schenkt. Wenn Tschick vor den Augen von Maik verschiedene Posen ausprobiert, um als Erwachsener zu wirken, so bringt die witzige Szene auch den Leser zum Lachen: Tschick

> „legte beide Schlafsäcke als Kissen auf den Fahrersitz, setzte meine Sonnenbrille wieder auf, schob sie ins Haar, steckte eine Zigarette in seinen Mundwinkel und klebte sich zuletzt ein paar Stücke schwarzes Isolierband ins Gesicht, um einen Kevin-Kurányi-Bart zu simulieren. Er sah allerdings nicht aus wie Kevin Kurányi, sondern wie ein Vierzehnjähriger, der sich Isolierband ins Gesicht geklebt hat. Am Ende riss er alles wieder runter und pappte sich einen kleinen, quadratischen Klebestreifen unter die Nase. Damit sah er aus wie Hitler […]." (106 f.)

In umgekehrter Weise führen Situationen, in denen sich die Freunde aus den Augen verlieren, zu Gefühlen tiefer Niedergeschlagenheit (vgl. 141 f.).

Unterschied Freundschaft – Familienbindung

Während familiäre Beziehungen im engeren Sinn – etwa die zwischen Eltern und Kindern oder die zwischen Geschwistern – in der Regel naturgegeben sind, sind Freundschaften als Wahlbeziehungen das Ergebnis einer prinzipiell freien Entscheidung. Im Gegensatz zur biologischen Verbindung, welche das Verhältnis von Verwandten über den Tod hinaus festlegt, entsteht eine Freundschaft aus einer zufälligen Begegnung, die sich von einer ersten spontanen Sympathie schließlich bis hin zu einer Art Seelenverwandtschaft zu entwickeln vermag. Freundschaften können unterschiedliche Grade von Tiefe und Innigkeit entwickeln und nur kurze Zeit oder auch ein Leben lang währen.

Tiefe Freundschaft als Wendepunkt im Leben

Welche Merkmale eine wirkliche Freundschaft kennzeichnen, lässt sich am Beispiel der Beziehung zwischen Tschick und Maik besonders gut veranschaulichen. Der Ich-Erzähler bezeichnet den Moment ihres Kennenlernens als den entscheidenden Augenblick, mit dem sich in seiner ausweglos scheinenden Lage einiges änderte (vgl. 40). Für Maik markiert das Erscheinen des Gleichaltrigen also einen entscheidenden Wendepunkt vom Negativen zum Positiven. Während sein ständiger Kampf um Anerkennung selbst dann misslingt, als er eine Höchstleistung beim Hochsprung vollbringt, erfährt er auf einmal stille Bewunderung von einem fremden Menschen, um den er sich in keiner Weise bemüht hat.

Freundschaft setzt Bemühen voraus

Dass sich aus Tschicks stummer Sympathie für Maik, der ihn nach eigenem Bekunden „von Anfang an nicht leiden“ (41) kann, eine tiefe Freundschaft entwickelt, ist allerdings nur der Initiative des Russlanddeutschen zu verdanken, der Maik auf dem Weg nach Hause mit den Worten „Übertrieben geile Jacke“ (61) anspricht, ihm dabei auf die Schulter ‚haut‘ und ihn ‚angrinst‘ (vgl. ebd.). Trotz der abweisenden Reaktion von Maik, der sich abwendet und einfach weitergeht, bleibt er hartnäckig. Er fordert ihn zum Stehenbleiben auf („Hey, halt doch mal an! Wo läufst du hin?“, 62), stellt indiskrete Fragen („Bist du sitzengeblieben?“, ebd.) und signalisiert, dass er Maik auf dem Weg begleiten und mit ihm etwas unternehmen will:

> „‚Und was machst du jetzt?‘
> ‚Nach Hause.‘
> ‚Und danach?‘
> ‚Nichts.‘
> ‚Und dann?‘
> ‚Geht dich einen Scheiß an.‘“ (63)

Freundschaft kann also – wie die Liebe – durchaus einem unerwarteten Zufall zu verdanken sein, doch setzt ihr Entstehen zugleich ein Bemühen um Kontaktaufnahme voraus. Obwohl Tschick von Maik sehr unfreundlich behandelt wird, unterzieht er sich der Anstrengung, diesen für sich zu gewinnen. Er besucht ihn zu Hause, zeigt ihm ein „strahlend[es]“ (76) Gesicht und spricht ihn erneut an, bis schließlich auch Maik sich für ein Gespräch und für ein gemeinsames Computerspiel öffnet.

Aktivität statt Passivität

Neben intensiver Kommunikation setzt Freundschaft Aktion voraus. Die beiden Helden überschreiten die Grenzen der Wirklichkeit nicht nur abstrakt, indem sie sich etwa zusammen in die fiktive Welt des Computerspiels (vgl. 77 und 96) begeben oder sich vorstellen, sie hätten die Decknamen „Graf Lada und […] Graf Koks“ (125); vielmehr setzen sie sich beide durch ihr gemeinsames waghalsiges und auch gesetz- und rechtswidriges Unternehmen konkreten Risiken und Gefahren aus, die sie während der Reise immer stärker aneinander binden. Maik und Tschick teilen fortan Gefühle etwa der Angst und des Glücks, welche für immer zu ihrem gemeinsamen Erinnerungsschatz gehören.

Tschick drängt Maik dazu, sich ins Abenteuer zu stürzen, anstatt die Ferien untätig im Elternhaus zu verbringen:

> „Die Fahrertür ging auf, Tschick stieg aus. Er legte beide Ellenbogen aufs Autodach und sah zu, wie ich den Rasen sprengte.
> ‚Ah‘, sagte er, und dann sagte er lange nichts mehr. ‚Macht das Spaß?‘ […]
> ‚Soll ich dich wo hinfahren, oder willst du lieber noch ein bisschen mit dem Wasser spritzen?‘ Er grinste sein breitestes Russengrinsen. ‚Steig ein, Mann.‘“ (81 f.)

Freundschaft als Herausforderung zum Selbstbeweis

Da der Ich-Erzähler eine „Riesenangst" hat, „der größte Langweiler unter der Sonne zu sein", und „einmal im Leben wenigstens kein Feigling sein" (233 f.) will, willigt er, wenn auch nur zögernd und unter größten Vorbehalten, darin ein, in ein gestohlenes Fahrzeug einzusteigen und sich von dessen vierzehnjährigem Fahrer in die Nähe von Potsdam transportieren zu lassen, um dort uneingeladen auf Tatjanas Geburtstagsfeier zu erscheinen und ihr sein Beyoncé-Bild als Geschenk zu überreichen.

Gemeinsame Erlebnisse als Stabilisatoren der Freundschaft

Die gemeinsamen Erlebnisse, die auf diese erste Mutprobe folgen, schweißen die beiden Jugendlichen innerhalb weniger Tage so zusammen, dass Maik sich seinem brutalen Vater widersetzt und während der Gerichtsverhandlung ganz zu seinem Freund hält. Indem er sich mit Tschick vollkommen solidarisch zeigt, befreit sich Maik aus den Zwängen seiner Familie und öffnet sich für neue Perspektiven.

Bedingungsloses Vertrauen und Intimität des Gedankenaustauschs

Das Glück der Freundschaft besteht in einem bedingungslosen wechselseitigen Vertrauen. Maik lässt sich auf Tschicks Vorschlag „einfach weg[zu]fahren" und „einfach Urlaub" (95) zu machen, ohne größere Widerstände ein, weil er bei dem spektakulären Auftritt auf Tatjanas Party erfahren hat, wie sehr Mut und Selbstüberwindung das Selbstwertgefühl steigern können.

Freundschaft als Möglichkeit der Selbsterfahrung

In den vielen gemeinsamen Gesprächen erfahren die beiden Jugendlichen nicht nur viel über den jeweils anderen, sondern auch über sich selbst. Die massiven Vorurteile, die Maik anfänglich gegenüber dem verwahrlost wirkenden und häufig alkoholisierten Fremden hat, verschwinden mit einem Mal, als Tschick nach einer ersten längeren Unterhaltung mit großer Sensibilität auf Maiks Offenbarung seiner Empfindungen für Tatjana Cosic reagiert. Beim Anblick des beschädigten Beyoncé-Bildes, dessen „Riss säuberlich mit Tesafilm geklebt" ist, schließt er vom Zustand der Zeichnung sofort auf die innere Verfassung des Zeichners und sagt zu diesem: „Du hast ja Gefühle." (87) Aus dieser für ihn unerwarteten Bemerkung schließt Maik wiederum, dass Tschick „wirklich gar nicht so doof ist" (88). Obwohl es bei dem nächsten Gespräch, in dem es unter anderem um die

Spiegelbildlichkeit des Miteinanders

Frage geht, ob die Walachei wirklich existiert, zu Meinungsverschiedenheiten kommt, wirken die Körperbewegungen der beiden synchron:

> „Ich bewies Tschick auf hundert Arten, dass es die Walachei nicht gab, und ich spürte, wie meine Worte an Überzeugungskraft gewannen, wenn ich dazu ein paar großartige Gesten mit den Armen machte. Tschick machte die gleichen Gesten […]." (99)

Maik ist von dem Gespräch derart begeistert, dass er meint, sich „noch nie so gut unterhalten" (ebd.) zu haben.

Konsensfähigkeit bei Meinungsverschiedenheit

Auch andere Konflikte enden im wechselseitigen Einvernehmen, weil ein grundsätzliches Einverständnis zwischen Maik und Tschick besteht, die ja mit dem Aufbruch in die Ferne beide ein gemeinsames Vorhaben teilen. Als sie bei den Reisevorbereitungen unterschiedlicher Meinung darüber sind, welche Dinge sie mitnehmen sollen, gibt es

> „ein großes Hin und Her. Wir stritten zum Beispiel, ob man Rollerblades brauchte oder nicht […]. Ganz zum Schluss kamen wir noch auf die Idee, einen Kasten Wasser mitzunehmen, und das stellte sich am Ende als die beste Idee von allen raus." (102)

Bestätigungen

Wiederholt betont der Ich-Erzähler, dass Tschick mit einem Vorschlag „wie immer […] recht" hat (109; vgl. ebenso 115), oder dass das, was er sagt, zutrifft: Tschick versuchte

> „mir auf einer Wiese am Waldrand das Fahren beizubringen. Ich war nicht wahnsinnig wild drauf, aber Tschick meinte, es wäre albern, Autos zu klauen, wenn man nicht fahren könnte. Außerdem behauptete er, ich hätte bloß Angst, und das stimmte." (113)

Umgekehrt bestätigt auch Tschick die Auffassungen von Maik: Beim Anblick des Sternenhimmels gehen beide auf eine Gedankenreise, bei der sie sich in einem Ping-Pong-Spiel der Ideen eine gemeinsame Fantasy-Welt erschaffen, die von anderen Lebewesen bevölkert ist. Tschick reagiert auf dieses Bild eines belebten Kosmos mit dem Satz: „Das ist genau meine Meinung, genau meine Meinung!" (121)

Die Intensität der Beziehung zwischen den beiden Jungen geht schließlich so weit, dass Tschick Maik unmittelbar vor dem Ende der Reise eine Art Liebeserklärung macht, indem er erklärt, dass er sich, seit er ihn „kennen würde, noch nicht eine Sekunde gelangweilt hätte“, und dass die Reise mit ihm „so ungefähr die aufregendste und tollste Woche seines Lebens gewesen wäre“ (213). Es folgt das Bekenntnis der eigenen Homosexualität, das Tschick gewiss zum ersten Mal in seinem Leben abgibt, weil er Maik absolut vertraut.

Tschicks Bekenntnis zur Homosexualität

Liebe, Erotik, Sexualität

- Tatjana als unerreichbares Objekt des Begehrens
- Isa als Inbegriff natürlicher Körperlichkeit, unverkrampfter Sexualität und authentischer Liebe
- Homosexualität als Tabu

Körper und Geschlecht: Fixpunkte der Adoleszenz

Tschicks Gefühle für Maik übersteigen das Maß der Freundschaft bei weitem, denn sie speisen sich aus dem erotischen Begehren. Der Vierzehnjährige ist in Maik verliebt und wirbt gerade auch aus diesem Grund so intensiv um dessen Gunst. Schon bald aber erfährt er, dass der andere nicht, wie er angenommen hat, ebenfalls homosexuell ist, sondern nichts mehr ersehnt, als von der Mitschülerin Tatjana Cosic wahrgenommen und geliebt zu werden.

Tschicks tiefe Zuneigung für Maik

Für Tschick besteht das Problem seiner sexuellen Ausrichtung aber nicht nur darin, dass Maik sein Verlangen nicht erwidert, sondern dass er seine Neigung überhaupt erst selbst akzeptieren muss. Wenn auch Homosexualität in der modernen und liberalen deutschen Gesellschaft des Jahres 2010 nicht mehr so stark wie noch wenige Jahrzehnte zuvor mit Vorurteilen behaftet ist, so stellt sie unter Jugendlichen doch weiterhin ein vergleichsweise großes Tabu dar (vgl. Katrin Hummel, „Man muss sich doch in eine Frau verlieben, oder?“, in: *Frankfurter Allgemeine Sonntagszeitung*, 31. Mai 2015, S. 49 f.; http://www.faz.net/aktuell/gesellschaft/menschen/homosexuelle-jugendliche-erzaehlen-vom-coming-out-13620857.html).

Homosexualität als Thema am Rande

Tschick befindet sich daher in einem inneren Zwiespalt, der an zahlreichen Stellen direkt oder indirekt zum Ausdruck kommt. Während er einerseits innerlich die Erfüllung und Befriedigung seines Verlangens nach gleichgeschlechtlicher Liebe ersehnt, distanziert er sich andererseits nach außen hin vom Schwulsein, indem er zum Beispiel so tut, als wäre er persönlich sehr an Mädchen interessiert (vgl. 77 f.). Abfällige Redeweisen wie „Du siehst aus wie'n Schwuler" (82) oder verzerrte Bilder wie das von dem „Onkel in Moskau, der [...] den ganzen Tag in einer Lederhose mit hinten Arsch offen" (85) herumläuft, zeigen, dass Tschick sich (noch) nicht mit der eigenen Homosexualität völlig identifizieren will oder kann.

Hetero- und Homosexualität als naturgegebene Anlagen

Sexualität als Teil der menschlichen Natur lässt sich nicht manipulieren. Maik kann nicht aus Freundschaft zu Tschick vorsätzlich schwul werden, weil er eben „Mädchen irgendwie lieber" (214) mag. Seine unerwiderte Sehnsucht gilt daher ausgerechnet Tatjana Cosic, die der weibliche Star der Klasse ist. Zu seinem eigenen Erstaunen (vgl. 23) vermag er lediglich Informationen über ihr äußeres Erscheinungsbild zu geben. Seine Beziehung zu dem Mädchen beschränkt sich also vor allem auf die erotische Faszination, die deren Schönheit auf ihn ausübt.

Tatjana: Maiks Traumfrau

Das pauschale Urteil: „Sie sieht super aus. Ihre Stimme ist auch super. Sie ist einfach insgesamt super" lässt sie wie ein Abziehbild der Pop-Ikone Beyoncé erscheinen, deren Gesicht Maik als Geburtstagsgeschenk für Tatjana in wochenlanger Arbeit von einer photographischen Vorlage detail- und maßstabsgetreu abzeichnet. Das Produkt dieser Mühe entspricht dem eigentlich oberflächlichen Verhältnis, das der Ich-Erzähler zu der Figur hat, die er romantisch verklärt, ohne sich über die Aussichtslosigkeit seines privaten Starkults bewusst zu werden.

Else: Ideal geistigen Adels und leidenschaftlicher Liebe

Eine ebenso vergebliche Form der Stilisierung einer jungen Frau findet sich in der Erinnerung des einsamen alten Mannes Horst Fricke, der seiner ehemaligen Geliebten, die in einem Konzentrationslager ermordet wurde, nachtrauert: „Die Else war das einzige Mädel da [d. h. in der Widerstandsgruppe], eine ganz Feine, aus bestem Haus [...]. Liebe meines Lebens, Feuer meiner Lenden." (186) Der Tod der Frau ließ den Mann am Leben verzweifeln, so dass er nun überzeugt ist, dass „[a]lles sinnlos" sei, „[a]uch die Liebe" (188).

Isa: Kontrastfigur zu Tatjana

Isa, das stinkende Mädchen von der Mülldeponie, ist eine extreme Gegenfigur zu Tatjana. Während Tatjana sozial völlig angepasst wirkt, erscheint Isa wie ein vollkommen verwildertes Kind, das mit seinem heruntergekommenen Aussehen, mit seinem tierhaften Verhalten und mit seinen obszönen Beschimpfungen („Ihr seid doch zum Ficken zu blöd!", 151) dem Bild einer am äußersten Rand der Gesellschaft lebenden Außenseiterin entspricht.

Schönheit des Körpers und Reinheit der Seele

Doch auch sie trägt romantische Züge, denn wie in einem Märchen verwandelt sie sich nach einem Bad im See in eine körperlich attraktive und „wahnsinnig schön" (157) singende Gestalt, zu der Maik sehr rasch eine intensive persönliche Beziehung aufbauen kann, die von Isa erwidert wird. Der zunächst erotische und sexuelle Reiz des Mädchens, das den Ich-Erzähler zu verführen sucht, wird ergänzt durch eine tiefe innere Verbundenheit, die durch die Inschrift *„AT MK IS 10"* (174) und durch den Schwur zu einem Wiedersehen in ferner Zeit (vgl. 176) auf einer Bergspitze den vorläufigen Höhepunkt erreicht.

Isa oder Tatjana? – Maiks Gefühlskonflikt zwischen einem illusorischen Vollkommenheitsideal und einem realistischen Liebesverständnis

Als Isa ihm nach den Sommerferien in der Schule einen Brief zukommen lässt, freut Maik sich „riesig", ohne jedoch zu wissen, ob er „mehr in Tatjana […] oder mehr in Isa" (250) verliebt ist. Damit bleibt nach außen hin offen, für welches der beiden Mädchen er am meisten empfindet, doch lässt sich vermuten, dass er sich für Isa entscheiden wird. Wenn er auch weiterhin von Tatjanas Äußerem geblendet bleibt (vgl. 237), so hat er doch in Isa einen Menschen gefunden, der nicht bloß oberflächlich anziehend, sondern authentisch ist. Sie besitzt, wie Tschick sagt, „ein paar Eigenschaften", ist keine „taube Nuss" wie Tatjana und sieht „wirklich superporno" (213) aus. Im Gegensatz zu Tatjana, die am ersten Schultag nach den Sommerferien mit einer Frage nach Maiks Erlebnissen an ihn herantritt (*„Mein Gott, was ist denn mit dir passiert?!?"*, 238), schlägt Isa ein Treffen *„unter der Weltzeituhr"* (siehe S. 84) vor, das indirekt mit einer Verheißung verbunden ist. Sie schreibt nämlich, dass sie es *„schade [fand], dass wir uns nicht geküsst haben"*, bevor sie sich mit den Worten *„Kuss – Isa"* (250) verabschiedet.

Weltzeituhr auf dem Berliner Alexanderplatz – Shutterstock (Sergey Kelin)

Schulisches Leben

➟ Die Mitschülerinnen und Mitschüler: Ichbezogene Kontrahenten in der geschlossenen Welt des Klassenraums ➟ Die Lehrer: nicht Vorbilder und Begleiter, sondern Widersacher und Opportunisten	Kritik an der Institution Schule

Schule als öffentliche Bühne für ‚Egotaktiker'

Wolfgang Herrndorfs *Tschick* stellt die Schule sehr kritisch dar. Sie erscheint weniger als ein Ort des Lernens, sondern vielmehr als ein Schauplatz für die Selbstdarstellung von Lehrern und Schülern, die um ihre Position und um ihre Anerkennung in der geschlossenen Welt der Schule kämpfen.

Schule als Ort der Vorurteilsbildung und der gegenseitigen Anfeindung

Für den Ich-Erzähler sind mehrere Mitschüler durch einzelne negative Eigenschaften so unsympathisch, dass er nur mit Verachtung von ihnen spricht. Zu ihnen gehören beispielsweise „Hans, der Nazi, der Fußballtrottel" (37) oder der „Hochsprung-Legastheniker" Heckel, der einen „Fettbauch" und „dazu Streichholzbeine" (38) hat. Kevin hingegen wird neben dem ‚Mathecrack' (vgl. 50) Lukas als „Mathegenie" (39) ebenso respektiert wie „der schöne André" (33) Langin, den Maik aus Eifersucht zwar „wahnsinnig hasst" und als „Arschloch" bezeichnet, zugleich aber auch ehrlicherweise für „nicht komplett hohl" hält, weil er „ganz nett sein" (ebd.) kann.

Vorurteile gegen Mitschülerinnen

Die Schülerinnen hingegen bleiben eher im Hintergrund der Wahrnehmung, weil sie fast ausnahmslos als bloße Statistinnen erscheinen, die vor allem den Jungen gefallen wollen. Zu ihnen gehören unter anderem Laura und Marie, die „wie vor Glück versteinert" sind, als „der schöne André [...] beide Arme rechts und links um [ihre] Schultern" legt: Sie bewegen sich „keinen Millimeter, als hätten sie Angst, Andrés Arme wie scheue Vögel von ihren Schultern zu verscheuchen" (35). Während des Sportunterrichts bleiben die Schülerinnen passiv, indem sie lediglich dem Vortrag der Lehrerin lauschen und sich dabei „an den Fußknöcheln" (36) kratzen oder miteinander tuscheln. Sie fallen nicht durch besondere Qualitäten und Leistungen auf, sondern lesen, wie Anja,

„die richtige Interpretation [vor], wie sie auch bei Google steht" (55). Ihre Geschenkvorschläge zu Tatjanas Geburtstag sind einfallslos und orientieren sich am banalen Zeitgeschmack von Heranwachsenden (vgl. 58 f.).

Von dem negativen Bild schwatzender, kichernder und angepasster Mädchen ist einzig Tatjana ausgenommen, weil Maik in ihr das Ideal seiner großen Liebe verkörpert sieht. Dass auch die anderen Mädchen attraktiv und interessant sein können, wird erst deutlich, als Tschick all die Namen derer aufzählt, die zu Tatjanas Geburtstagsparty eingeladen sind: „Simla ist da. Und Natalie. Und Laura und Corinna und Sarah. Nicht zu vergessen Tatjana. Und Mia. Und Fadile und Cathy und Kimberley. Und die ultrasüße Jennifer. Und die Blonde aus der 8a. Und ihre Schwester. Und Melanie." (77 f.)

Berufliches Versagen der Lehrer

In der Schule als einer Arena der ständigen Selbstbehauptung tragen auch die Lehrer Masken zur Schau, die ihnen vielleicht Respekt verschaffen, sie jedoch in keiner Weise zu Menschen machen, denen die Schüler Vertrauen entgegenbringen. Dass die Schule buchstäblich als Theaterbühne fungiert, zeigt sich, als der Geschichtslehrer Wagenbach Zettelbotschaften zwischen Tatjana und Maik dazu missbraucht, um die beiden durch sarkastische Kommentare lächerlich und sich auf diese Weise selbst als „Schauspieler" und „Kabarettist" (241) beliebt zu machen (vgl. 240–243). Von dem Deutschlehrer Kaltwasser sagen die Schüler, er sei „ungefähr so nett [...] wie ein gefrorener Haufen Scheiße", weil er „wie eine Maschine" auftritt, bei der „es 45 Minuten superkorrekt zu[geht]" (53). Andere Pädagogen wie etwa das ‚autoritäre Arschloch' (vgl. 41) Wagenbach oder der Mathematiklehrer Strahl flößen durch äußerst strenge Strafmaßnahmen oder strenge Noten Angst ein.

Fehlender Lebens- und Wirklichkeitsbezug des Unterrichts

Der eigentliche Unterricht als Vermittlung von Fertigkeiten und Wissen spielt kaum eine Rolle. Er stimmt vielmehr, wie der Ich-Erzähler beim Kurzschließen des gestohlenen Autos feststellt, kaum mit der Wirklichkeit überein:

> „In Physik hatten wir einiges über den elektrischen Strom gelernt [...]. Aber das hatte mit dem, was in unserem Lada vorging, offenbar nichts zu tun. Steuerplus, Dauerplus – das

> klang, als ob durch dieses Auto ein ganz anderer Strom floss als durch die Kabel im Physikunterricht, als wären wir in einer Parallelwelt gelandet. Dabei war wahrscheinlich der Physikunterricht die Parallelwelt." (115)

Beim Anblick eines Gebirges, auf das sie zufahren, sind sie nicht in der Lage, dessen Lage und Namen zu bestimmen, denn die Geographie ihres eigenen Landes wurde im Erdkundeunterricht nicht thematisiert: Ich „erinnerte mich, dass wir […] zuletzt Afrika durchgenommen hatten. Davor Amerika, davor Südosteuropa, näher waren wir Deutschland nie gekommen." (165 f.)

Die beiden Romanhelden verfügen kaum über Allgemein- und schon gar nicht über Spezialwissen. Bei den Quiz-Fragen, welche Friedemanns Mutter während des Mittagessens stellt, blamieren sie sich vor dessen kleinen Geschwistern durch die Unfähigkeit, auf Fragen zur Literatur und zur Geschichte zu antworten. Nicht aus dem Unterricht, sondern aus der Lektüre eines Buches für Sechsjährige kennt Maik wenn auch nicht den Namen, so doch zumindest das Prinzip der kommunizierenden Röhren (vgl. 147), ohne es jedoch in der Praxis anwenden zu können (vgl. 160).

Abschließend lässt sich feststellen, dass die Schule in dem Roman *Tschick* ein herausragender Gegenstand der Kritik an deren Wirklichkeitsferne und an dem pädagogischen Unvermögen der Lehrer ist.

Aufbruch in die Ferne

- Verwandlung eines statischen Zustandes der Ereignislosigkeit in eine dynamische Folge von aufregenden Ereignissen
- Erweiterung des Bewegungsraums und Verdichtung der Zeit
- Charakterliche Veränderung des Ich-Erzählers: weg von der negativen Ich-Befangenheit hin zu einer positiven Lebenshaltung

Die „tollste und aufregendste Woche unseres Lebens" (213)

Reise- und Abenteuerroman sowie Entwicklungs- und Bildungsroman

In der Weltliteratur gibt es viele Erzählungen, in denen die Hauptperson den Ort der Kindheit verlässt und in die Fremde zieht. Entsprechende Texte werden als Reise-, Abenteuer- und als Entwicklungs- bzw. Bildungsromane bezeichnet. Zu der ersten Kategorie zählt beispielsweise der satirische Roman *Gullivers Reisen* (*Gulliver's Travels*, 1726), in dem sein Autor Jonathan Swift (1667–1745) den im Zeitalter der Aufklärung aufkommenden Glauben an die Vernunft des Menschen ins Lächerliche zieht. Analog dazu ist der blutgetränkte Fußmarsch des Jean-Baptiste Grenouille durch das vorrevolutionäre Frankreich in Patrick Süskinds *Das Parfum. Geschichte eines Mörders* unter anderem auch als Kritik an der blinden Illusionsgläubigkeit der Massen- und Konsumgesellschaft zu verstehen.

Im Gegensatz zu dem Mädchen- und Serienmörder Grenouille besteht Parzival, der Held in dem gleichnamigen mittelalterlichen Versroman von Wolfram von Eschenbach (1160/80 – ca. 1220), zahlreiche Abenteuer, nachdem er die Waldeinsamkeit verlassen hat, in die sich seine Mutter Herzeloyde mit ihm zurückgezogen hatte. Durch mutige Taten der Bewährung, aber auch durch Irrtümer lernt Parzival die Welt der Ritter kennen und sich in ihr zu behaupten, bis er schließlich zum Gralskönig berufen wird.

Reise als Form der Selbstsuche und der Identitätsfindung

Auch *Wilhelm Meisters Lehrjahre* (1795/96) von Johann Wolfgang von Goethe oder *Harry Potter* (1997–2007) von Joanne K. Rowling sind Entwicklungs- und Bildungsromane, in denen junge Menschen aus der angestammten heimatlichen Umgebung aufbrechen und über unterschiedliche Formen der Begegnung mit Menschen und der Welt-Erfahrung persönlich reifen.

Odyssee als Selbstbefreiung

Die Auseinandersetzung mit sich selbst und mit der Umwelt setzt bei Maik Klingenberg in *Tschick* erst wirklich ein, als er den vertrauten Wohnort verlässt und in die unbekannte Ferne aufbricht, wo er durch den Kontakt mit fremden Menschen und durch die Auseinandersetzung mit Grenzsituationen lebendige Erfahrungen macht, die ihn zu einer anderen Sicht auf die Welt und auf sich selbst gelangen lassen. Der Ich-Erzähler gibt starre Denk- und Verhaltensmuster auf, öffnet sich dadurch für neue Wahrnehmungen und befreit sich so aus den Zwängen seiner Ängste und seiner Minderwertigkeitskomplexe.

Rasche Vergrößerung des Bewegungsradius

Die Reise zum Ich erfolgt in der Bewältigung von immer größeren räumlichen Abständen: Während die erste Autofahrt lediglich „[e]inmal um den Block" (83) führt und damit auf den engeren Umkreis von Maiks Wohnort beschränkt bleibt, reicht die zweite über die Berliner Stadtgrenze hinaus bis in die Nähe von Potsdam, wo Tatjanas Geburtstagsfeier stattfindet. Die dritte und eigentliche Fahrt umfasst ein nahezu namenloses Großgebiet außerhalb von Berlin, lenkt die beiden also aus der Metropole in die ländliche und oft menschenleere Provinz: „Eine Stunde lang begegnete uns kein Auto mehr. Wir waren jetzt irgendwo, wo es nicht einmal mehr Häuser am Horizont gab. Auf einem Feld lagen Kürbisse, so groß wie Medizinbälle." (109)

Überwindung von Furcht und Sorge

Zugleich befreit Maik sich immer mehr von seinen furchtsamen Einwänden gegen die Unternehmungen in einem gestohlenen Fahrzeug: Wollte er sich beim ersten Mal gar nicht in das klapprige Auto (vgl. 81) setzen, so willigt er beim zweiten Mal zwar widerstrebend in den Trip nach Werder ein, schwört aber schließlich trotz seiner großen Nervosität, dass er „auf keinen Fall aussteigen würde aus dem Lada" (90). Mit den Ausrufen „Gib Gas!" und „Gib mehr Gas!" überlässt er sich bei der Abfahrt aus Werder nicht mehr wie bisher der Initiative von Tschick, sondern treibt ihn nun selbst dazu an, das Tempo zu beschleunigen. Gegen die gemeinsame Tour in die Walachei erhebt Maik überhaupt keine Einwände mehr, sondern er beteiligt sich aktiv an den Reisevorbereitungen und genießt über alle Maßen den unbesorgten morgendlichen Start in „Richtung Süden" (105):

Zuwachs an Gelassenheit und Zuversicht

> „Ich hatte den Arm aus dem Fenster gehängt und den Kopf darauf gelegt. Wir fuhren Tempo 30 zwischen Wiesen und Feldern hindurch, über denen langsam die Sonne aufging, irgendwo hinter Rahnsdorf, und es war das Schönste und Seltsamste, was ich je erlebt habe." (104)

Ohne Orientierung durchs Labyrinth

Obwohl Tschick und Maik ein konkretes geographisches Ziel ansteuern, bleibt ihre Reise mangels einer Landkarte und aufgrund fehlender Ortskenntnisse ziel- und richtungslos.

> „Anhand der Schilder an den Ausfahrten versuchten wir rauszufinden, wo wir überhaupt waren. Aber die Städtenamen kannte kein Mensch. Ich hatte den Verdacht, dass wir überhaupt nicht vorangekommen waren mit unseren Landstraßen und Feldwegen. Aber es war auch ziemlich egal. Mir zumindest." (165)

Der Weg ist das Ziel

Das Verfehlen eines äußeren Zielpunkts bleibt also ohne Belang. Viel wichtiger ist die innere Veränderung, die sich mit jedem weiteren Ortswechsel bei Maik vollzieht. Der „Urlaub" (95), der in erster Linie eine Flucht aus einem unerträglichen Zustand der inneren Erstarrung ist, nimmt ihm seine lähmende Ich-Befangenheit und verleiht ihm mit wachsender Gelassenheit ein neues Ich-Bewusstsein.

Die „Freundlichkeit der Welt"

Voraussetzungen des Glücks	
	→ Vertrauen statt Misstrauen → Zuversicht statt Skepsis → Optimismus statt Pessimismus → Liebe und Freundschaft statt Hass und Feindschaft

Maik im Kräftefeld des Bösen und Schlechten

Die Entwicklung neuer Lebensfreude verdankt Maik auch der Feststellung von der „Freundlichkeit der Welt" und von der „Schönheit der Natur", die für den Schriftsteller Wolfgang Herrndorf zu den einschneidendsten Erfahrungen seiner eigenen Existenz zählen (vgl. *Arbeit und Struktur*, 3. Aufl., Berlin: Rowohlt 2013, S. 94). Am Gipfelpunkt seiner persönlichen Krise lebt Maik in einem Feindesland, in dem er sich von unkontrollierbaren Mächten bedroht fühlt. Die katastrophalen familiären Verhältnisse, das erfolglose Bemühen um Freundschaft und Liebe, die Ausgrenzung in der Klasse, die fehlende Anerkennung seiner Leistungen und die ständige Frustration schaffen bei dem Vierzehnjährigen eine Gefühlslage, die von starkem Pessimismus und von Selbsthass bestimmt ist. Diese negative Grundeinstellung ist zugleich geprägt durch gesellschaftliche Vorurteile:

> „Seit ich klein war, hatte mein Vater mir beigebracht, dass die Welt schlecht ist. Die Welt ist schlecht, und der Mensch ist auch schlecht. Trau keinem, geh nicht mit Fremden und so weiter. Das hatten mir meine Eltern erzählt, das hatten mir meine Lehrer erzählt, und das Fernsehen erzählte es auch. Wenn man Nachrichten guckte: Der Mensch ist schlecht. Wenn man Spiegel-TV guckte: Der Mensch ist schlecht. Und vielleicht stimmte das ja auch, und der Mensch war zu 99 Prozent schlecht.“ (209)

Negatives Menschen- und Weltbild des Vaters

Der Aufbruch in die Fremde jedoch widerlegt von einem Moment auf den anderen dieses extrem negative Welt-, Menschen- und Selbstbild, denn, so schreibt der Ich-Erzähler, „das Seltsame war, dass Tschick und ich auf unserer Reise fast ausschließlich dem einen Prozent begegneten, das nicht schlecht war.“ (Ebd.)

Positives Gegenbild: die Liebenswürdigkeit der Menschen

Das strahlende Gesicht, mit dem Andrej Tschichatschow auf ihn zugeht, markiert nur den Anfang einer Reihe von Erlebnissen, in denen Maik wieder Vertrauen zu den Menschen und zu sich selbst fasst. Er wird vom Vater eines ihm verhassten Mitschülers zum Frühstück ebenso eingeladen wie zum Mittagessen von der Mutter einer merkwürdigen, vielköpfigen Kinderschar. Gerade die sonderbarsten Personen erweisen sich als zuvorkommend und einfühlsam, so etwa die korpulente Sprachtherapeutin, die die Jugendlichen mit höchster Geschwindigkeit und unter Missachtung von Verkehrsregeln ins Krankenhaus transportiert, sie dort mit Süßigkeiten und Getränken versorgt und mit ihnen auf den Arzt wartet.

Hilfe in der Not

Völlig unerwartet ist auch die Kooperation von Herrn Reiber, den Maik um vier Uhr morgens vom Krankenhaus aus anruft, um der anwesenden Krankenschwester den Eindruck zu vermitteln, er telefoniere mit seiner Tante Mona, damit diese ihn und Tschick aus der Klinik abhole. Herr Reiber durchschaut sehr schnell die Notlage des jungen Anrufers, zeigt sich aber in keiner Weise über die nächtliche Ruhestörung verärgert, sondern versucht, das Spiel im Sinne des Ich-Erzählers mitzuspielen (vgl. Kap. 40). Ebenso zeigen sich Richter, Polizisten, Ärzte und Krankenschwestern hilfsbereit und verständnisvoll, obwohl sie es mit zwei jugendlichen Straftätern

Solidarität

Verständnisbereitschaft

und Ausreißern zu tun haben, die durch ihr heruntergekommenes Aussehen sowie durch ihr leichtsinniges und sogar gesetz- und rechtswidriges Verhalten nicht eben den bürgerlichen Normvorstellungen entsprechen und daher eben nicht unbedingt Verständnis und Sympathie erwarten können.

Die Begegnung mit der Natur

Naturerlebnisse zwischen Faszination und Schrecknis	
	➟ Mikrokosmos und Makrokosmos – Der Blick von der Waldlichtung über das Land und in den Sternenhimmel ➟ Tag und Nacht, Sonne und Regen, Nähe und Ferne, Berg und Tal als Elemente eines romantischen Naturbildes ➟ Innere Triebnatur und äußere Umwelt als Lebensbedingungen des Menschen ➟ Zerstörung der Natur

Abkehr vom gewohnten Konsum- und Freizeitverhalten in der Überflussgesellschaft

Beschränkung auf das wenige Vorhandene

Die mehrtägige Tour in einem schrottreifen Geländewagen durch eine weite Landschaft fern der großstädtischen Zivilisation trennt die beiden Protagonisten auch von ihren häuslichen Lebensgewohnheiten. Zu diesen gehören für Maik „Swimmingpool, Klimaanlage, Pizzadienst und Videobeamer" (69). Ohne feste Unterkunft hat er keine Möglichkeit mehr, seinen bevorzugten Freizeitbeschäftigungen nachzugehen, so zum Beispiel auch dem Musikhören (vgl. 64, 67, 79) und dem stundenlangen Computerspiel (vgl. 77, 95 f.). In dem Lada sind „zwar riesige Lautsprecher hinten" vorhanden, zugleich jedoch nur ein „verfilzte[r] Kassettenrecorder" (103), auf dem sich lediglich die einzige im Wagen vorhandene Musikkassette mit „Klaviergeklimper" (105) abspielen lässt.

Erlebnis der Fülle der Natur

Mangels äußerlicher Ersatzbefriedigungen sind die beiden Helden bei der Abfahrt in die Walachei auf das angewiesen, was die spontane Reise ins Ungewisse ihnen bieten wird. Erwartete der Ich-Erzähler zuvor nur „menschenleere Gegenden" und „praktisch Wüste" (103), so enthüllt sich ihm schon in den ersten Stunden beim

Fahren durch die Felder sofort die Fülle der Natur: „Alles war größer, die Farben satter, die Geräusche Dolby Surround" (104).

Staunen über die Größe und Schönheit der Natur

In der Folgezeit erfahren die beiden Jungen die Schönheit, den Reichtum und die Vielfalt der Natur: Maik ist äußerst beeindruckt von „eine[r] riesige[n] Bergkette [...] am Horizont", die ihm mit ihren „Steinzacken obendrauf" „[u]ngeheuer hoch" (165) erscheint. Er erfreut sich – wie etwa bei seinem Aufenthalt mit Tschick und Isa an einem Stausee – am „Blick auf Berge und Täler im Abendnebel" (168), deren positive Wahrnehmung im vertrauten Zusammensein mit der halbnackten Isa später noch verstärkt wird:

> „[...], und vor uns lagen die Berge mit ihrem blauen Morgennebel, der in den Tälern vorne schwamm, und dem gelben Nebel in den Tälern hinten, und ich fragte mich, warum das eigentlich so schön war. Ich wollte sagen, *wie* schön es war, oder jedenfalls wie schön ich es fand und warum, oder wenigstens, dass ich nicht erklären konnte, warum, und irgendwann dachte ich, es ist vielleicht auch nicht nötig, es zu erklären." (171)

Sprachlosigkeit

Dem Ich-Erzähler verschlägt die Situation buchstäblich die Sprache. In seinem Glück empfindet er den Zauber, der von der Tiefe, Höhe und Weite der Landschaft ausgeht, so intensiv, dass das Naturerlebnis sein Fassungsvermögen übersteigt.

Verzückung

Auch bei einem Aufenthalt auf einem „stillen Platz hinter riesigen Holunderbüschen" (119) auf einer Bergwiese gerät er beim Betrachten der immer zahlreicher werdenden Sterne, die das Dunkel der Nacht erleuchten, zusammen mit seinem Freund Tschick so ins Schwärmen, dass sie das Naturschauspiel nur noch mit dem wiederholten Begriff „Wahnsinn" und mit der Vorstellung einer kosmischen Fantasy-Welt zu fassen vermögen, die zum Teil von „Rieseninsekten" (121) bevölkert wird:

> „Ich schaute in die Sterne mit ihrer unbegreiflichen Unendlichkeit, und ich war irgendwie erschrocken, Ich war gerührt und erschrocken gleichzeitig. Ich dachte über die Insekten nach, die jetzt fast sichtbar wurden auf ihrer kleinen, flimmernden

> Galaxie, und dann drehte ich mich zu Tschick, und er guckte mich an und guckte mir in die Augen und sagte, dass das alles ein Wahnsinn wäre, und das stimmte auch. Es war wirklich ein Wahnsinn.
> Und die Grillen zirpten die ganze Nacht." (122)

Zwischen Melancholie und kosmischer Harmonie

Bei der Wahrnehmung des gewaltigen Sternenhimmels gerät der Ich-Erzähler in tiefes Nachsinnen über die Verlorenheit des Menschen in einem gigantischen Universum, dessen Sinn sich ihm nicht erschließt, während es doch zugleich sein Zuhause ist. Tschicks Blick in die Augen von Maik schafft eine Verbindung zwischen dem Makro- und dem Mikrokosmos, zwischen dem Reich der Rieseninsekten und dem Reich der Grillen, und hebt in der Intimität der freundschaftlichen Gemeinschaft die transzendentale Verlassenheit des Einzelnen auf.

Zerstörung der Natur

Abgründe der menschlichen Zivilisation

Ein krasses Gegenbild zum Einklang von Mensch und Natur stellen die riesigen Müllberge dar, die, „ganz von Wald und Autobahn umgeben" (149), den verantwortungslosen Umgang der Konsumgesellschaft mit den Dingen und mit der Natur deutlich machen. Eine ebenso eindringliche „traurig[e]" (179) Vergegenwärtigung der Umweltzerstörung findet sich in der „sumpfige[n] Ebene" (178), in der „verstreut große, quadratische Betonquader" liegen, „in denen senkrecht Metallstäbe steckten" (179). Dieser Sumpf voller Strommasten mündet in eine „Mondlandschaft", die der Ich-Erzähler als „das große Nichts" (ebd.) bezeichnet, weil dort jedes Leben erloschen zu sein scheint: „Kein Grillenzirpen, kein Gräserrascheln, kein Wind, keine Fliege, nichts." (180) Nach den im Roman vorliegenden Informationen handelt es sich um ein gigantisches Tagebaugebiet zum Abbau von Bodenschätzen wie zum Beispiel Braunkohle. Beim Blick in die dreißig Meter tief liegende „Kraterlandschaft" (ebd.) kann sich Maik nicht mehr vorstellen, jemals wieder in Berlin zu leben (vgl. 180 f.), weil er in der „weggefräste[n] Landschaft" (189) und in dem katastrophalen Raubbau an der Natur ein Abbild seiner einstigen inneren und äußeren Situation in der Großstadt erkennt, wo er in geistiger und seelischer Ödnis lebte.
Die beiden Jugendlichen entdecken im Umkreis des Bergbaureviers ein verlassenes Dorf, das wie eine Geisterstadt aussieht:

„Eine zerbröselte Straße wand sich zwischen verfallenen Häusern. Die Fenster hatten größtenteils keine Scheiben, die Dächer waren abgedeckt. Auf den Straßen nirgends Schilder, keine Autos, keine Zigarettenautomaten, nichts. Vor den Gärten waren die Zäune abmontiert vor langer Zeit, Unkraut wucherte aus jeder Ritze." (182)

Zerstörung menschlicher Lebensgemeinschaften durch den Energiehunger der Industriegesellschaft

An diesem leblosen Ort wohnt der greise und einsame Horst Fricke mit seinen trostlosen Erinnerungen.

Das gequälte Tier in der Fleischindustrie

Einen weiteren schauerlichen Eindruck von der Ausbeutung der Natur vermittelt der ausländische Viehtransporter, auf dem sich „[n]ebeneinander und übereinander [...] Käfige" (221) stapeln, aus denen Schweine herausschauen. Die zum Schlachten bestimmten Tiere werden bei dem schweren Lkw-Unfall, in dem Maik und Tschick beinahe ums Leben kommen, auf die Fahrbahn geschleudert, wo sie sofort verenden oder orientierungslos und häufig schwer verletzt umherirren:

„In diesem Moment kam ein Schwein schreiend um den umgekippten Laster gerannt. Hinter ihm eine Menge anderer Schweine. Das vorderste rannte blutend über die Autobahn auf eine Böschung zu. Einige galoppierten hinterher. Aber die meisten blieben stehen, und sie standen zwischen toten Schweinen und zerschossenen Käfigen und schrien vor Verzweiflung." (226)

Leben und Tod

- Der Anblick alter Menschen und weit zurückliegender Daten – Auslöser für die Besinnung auf die Endlichkeit des Lebens und die Sterblichkeit des Menschen
- Schüsse und ein schwerer Unfall – Begegnungen mit Todesgefahr
- Das Todesmotiv als Symbol für das Ende der alten und für den Beginn einer neuen Identität
- Die Frage nach dem Sinn des Lebens

Die Wahrnehmung von Zeit und Vergänglichkeit

Leitmotiv der Nacht und der Dunkelheit

Die Darstellung der Natur ist häufig bildhaft-detailliert und erhält, wie im folgenden Beispiel, eine symbolische Funktion als Vorausdeutung auf ein bevorstehendes Unheil. Vom Abend, der dem fast tödlichen Unfall auf der Autobahn vorausgeht, schildert der Erzähler ausführlich den Einbruch der Dunkelheit, nachdem Tschick und er „bis zur Dämmerung auf der Autobahn" gefahren und nun „irgendwo in der tiefsten Provinz" (217) sind. Zu dem Verschwinden des Tageslichts und zu der Ortlosigkeit treten Geräusch- und Farblosigkeit hinzu: „[A]lles war ganz still, und der Abend war still, und die Felder waren gelb und grün und grau, und sie wurden immer farbloser." (Ebd.)

Anlehnung an Motive des Sterbens in der antiken Mythologie

Indem die Helden den Geländewagen „wie bei einer Bootsfahrt" durch eine „schattenhafte Welt" (ebd.) steuern, drängt sich dem Leser das Bild von der Unterwelt auf, wie es in der antiken griechischen Mythologie gezeichnet wird. Dort trennt der Fluss Styx bzw. Acheron die Welt der Lebenden von dem unterirdisch-finsteren Toten- und Schattenreich des Gottes Hades, wohin der unheilvoll-düstere und greise Fährmann Charon die Menschen transportiert und von wo es keine Rückkehr gibt.

Rückschau auf die erste kindliche Begegnung mit der Nacht

In der Beschreibung des Ich-Erzählers verschwindet schließlich der „letzte Lichtschein [...] vom Horizont". Die einbrechende „mondlose Nacht" (ebd.) erinnert ihn daran, wann er „zum ersten Mal eine Nacht gesehen hatte oder wann [ihm] zum ersten Mal aufgefallen war, was das eigentlich ist, die Nacht. Was Nacht eigentlich bedeutet." (217) Das Kindheitserlebnis, von dem Maik nun berichtet, ist aber keineswegs von einem bedrückenden Gefühl der Verlassenheit und von Todesangst geprägt, sondern von einem Empfinden der Zuversicht: Als Acht- oder Neunjähriger hatte er mit einer Freundin namens Maria in einem Gerstenfeld gespielt, bis Herr Klever, „ein alter Mann mit einem Dackel" (ebd.), sie unter Drohungen aufforderte, aus dem Feld herauszukommen. Maik war daraufhin in eine andere Richtung als das Mädchen gelaufen und völlig verängstigt über eine Distanz von mehreren Kilometern durch die Gegend gerannt, bis ihm auf einmal bewusst wurde, dass ihm „das ganz gut [gefiel], wie ich da durch diese dunkle, menschenleere Welt lief, ich wusste überhaupt nicht mehr, ob ich noch Angst hatte oder nicht, und ich dachte gar nicht mehr an Klever" (218 f.).

Wie in einer Traumwelt tritt das Kind in dieser Szene der Erinnerung aus der labyrinthischen Wirklichkeit heraus und verliert sich in einem Schwebezustand innerer Freiheit. Der Blick in die Augen einer verzweifelt schluchzenden Frau vor einem grell erleuchteten China-Restaurant aber entspricht in dem „starken Eindruck", den er bei dem achtjährigen Kind hinterlässt, der Verzweiflung des vierzehnjährigen Heranwachsenden, der sich an die unerfüllte Sehnsucht seiner romantischen Liebe zu Tatjana Cosic erinnert:

Nacht und Wehmut

> „Ich habe den Kopf zur Seite gelegt und schaue hinaus und schaue hinaus, und der Lada zieht leise die kurvige Straße durch die blaugrünen Kornfelder des Sommers. Irgendwann sage ich, ich will mal anhalten, und ich halte an. Im Dunkeln liegt das Land, liegen Wiesen und Wege, und wir stehen vor einer großen Ebene, auf der in der Ferne der schwarze Umriss eines Bauernhofs zu sehen ist. Und als ich gerade etwas sagen will, geht links in einem kleinen Fenster im Bauernhof ein grünes Licht an, und ich sage nichts mehr. Ich kann nicht mehr." (219 f.)

Schwermut beim Gedanken an Tod und Vergänglichkeit

Das gelegentliche beglückende Gefühl der Ungebundenheit und der Unverwundbarkeit erweist sich im Roman also immer wieder als unbeständig, so etwa auch beim Anblick von zahlreichen älteren Touristen, die Maik am zweiten Reisetag in einem Ausflugsort zum Nachdenken über die Vergänglichkeit des Lebens bringen (vgl. 117 f.). Die Schwermut angesichts der Überlegung, „dass wir in hundert Jahren alle tot wären", verstärkt sich später angesichts von „[u]ralten Buchstaben in uraltem, dunklen Holz" (174), welche den Besuch inzwischen verstorbener Menschen auf einem Berg dokumentieren.

Ein neues Urvertrauen in die Welt

Gleichwohl entwickelt sich bei Maik im weiteren Handlungsverlauf „ein euphorisches Gefühl, ein Gefühl der Unzerstörbarkeit" (215), das auch unausgesprochen anhält, nachdem die beiden Helden bei dem Unfall auf der Autobahn nur knapp dem Tod entronnen sind und sie ihre abenteuerliche Reise nicht fortsetzen können, sondern nach Berlin zurückkehren müssen. Die Fahrt hat ihnen unvergessliche Erlebnisse in der Begegnung mit anderen Menschen und ein bleibendes Vertrauen in den Sinn eines Lebens geschenkt, zu dem Maiks Mutter inmitten des Hausinventars eine zentrale Aussage trifft:

Worauf es im Leben wirklich ankommt …

„‚Merk dir eins im Leben! Hab ich mit dir eigentlich schon mal über grundsätzliche Fragen gesprochen? Und ich meine nicht den Mist mit dem Auto oder was. Ich meine *wirklich* grundsätzliche Fragen.' […] Sie zeigte einmal rundum. ‚Das ist alles egal. Was nicht egal ist: Bist du glücklich damit? Das. Und nur das.'" (251)

Darstellung

Erzähltechnik

➟ Ich-Erzählung mit subjektiv begrenzter Sichtweise des jugendlichen Protagonisten Maik Klingenberg ➟ Häufige wörtliche Wiedergabe von Gesprächen als Form einer realistischen Darstellung ➟ Komik und Selbstironie als Stilmittel der Verfremdung	Narrative Strukturen

Maik: kein auktorialer Erzähler und allwissender Beobachter, sondern Ich-Erzähler als Teil der Geschichte

Maik Klingenberg ist nicht nur die handelnde Hauptperson des Romans *Tschick*, sondern zugleich der Ich-Erzähler, aus dessen Perspektive die Handlung berichtet und kommentiert wird. Der Leser erfährt demzufolge nur das, was der Ich-Erzähler erwähnt, und er ist auf dessen persönliche Sicht der Dinge angewiesen. Der Einleitungssatz „Als Erstes ist da der Geruch von Blut und Kaffee“ (7) macht von Anfang an deutlich, dass es ausschließlich um die subjektiven Wahrnehmungen des Helden geht und in dieser Anfangsszene nicht etwa auch darum, wie die beiden anwesenden Polizeibeamten ihn sehen und wie sie die Situation erleben.

Glaub- und Vertrauenswürdigkeit des Ich-Erzählers

Trotzdem dürfen die Leser annehmen, dass das, was erzählt wird, auch in einem gewissen Umfang glaubwürdig ist. Es mag zwar sein, dass der verächtliche Ton, in dem Maik beispielsweise über Kallenbach, den „Klassentrottel“ (46), spricht, ungerechtfertigt und sogar böswillig ist, doch lässt die Ehrlichkeit, mit der Maik gerade auch seine eigenen Mängel und Fehler offenbart, die Annahme zu, dass die Ereignisse und Erlebnisse relativ zutreffend wiedergegeben sind. Als Maik sich vor der Mutter und den Geschwistern von Friedemann blamiert, weil er auf die Wissensfragen nicht antworten kann, gesteht er sogar: „Am liebsten würde ich das ja gar nicht erzählen. Ich erzähl's aber trotzdem.“ (131) Er bekennt immer wieder eigene Schwächen („Meine Beine zitterten“, 135), Ängste („Ich sah verzweifelt durch die Heckscheibe“, 189), mangelnde Erfahrungen („[I]ch hatte noch nie so einen Tankschlauch in der Hand gehabt“,

145) und Fehlverhalten: „Ich musste an meine Mutter denken, und wie schlecht es ihr ging und welchen Kummer ich ihr wahrscheinlich verursachte, wenn das alles hier rauskam." (150)

Komik als Mittel der Infragestellung

Die Komik, mit der der Ich-Erzähler einzelne Situationen beschreibt („Ein Flusspferd brach vor uns durch die Büsche [...]. Es hatte einen blauen Hosenanzug an" und „eine blonde kräuselige Dauerwelle auf dem Kopf", 190 f.), dient ihm auch dazu, sich selbst ins Lächerliche zu ziehen („Dann rutschte ich auf einer schmierigen Holzplanke aus und fiel in einen Haufen mit vergammeltem Obst", 150) und sich auf diese Weise selbst zu karikieren.

Realistische Darstellung der Wirklichkeit

Die grundsätzlich subjektive Darstellung wechselt zugleich – wie im folgenden Beispiel – immer wieder mit realistisch wirkenden Beschreibungen:

> „Wir stiegen aus und stellten uns auf die letzten Grasbüschel. Vor unseren Füßen war die Erde senkrecht weggefräst, mindestens dreißig, vierzig Meter tief, und unten lag eine Mondlandschaft. Weißgraue Erde, Krater, so groß, dass man Einfamilienhäuser dadrin hätte bauen können. Ein ganzes Stück links von uns begann eine Brücke über den Abgrund." (179)

Viele Dialoge in der direkten Rede

Den Eindruck von Sachlichkeit und Objektivität vermittelt auch der häufige Gebrauch wörtlicher Rede, so etwa bei der Angabe von Tschicks Personalien im Krankenhaus:

> „‚Und wie heißt er?'
> ‚Andrej.' Ich sprach es französisch aus. ‚André Langin.'
> ‚Adresse?'
> ‚Waldstraße 15, Berlin.'
> ‚Wo versichert?'
> ‚Dedeka.'
> ‚Debeka oder was?'
> ‚Ja, genau.'" (199)

Das fingierte Telefongespräch, das Maik um vier Uhr morgens in Anwesenheit einer misstrauischen Krankenschwester mit seiner angeblichen Tante Mona, in Wirklichkeit aber mit einem gewissen Herrn Reiber führt, wird fast ausschließlich in der direkten Rede wiedergegeben und umfasst nahezu das gesamte Kapitel 40 (vgl. 206–210).

Sprache und Stil

- Umgangssprache
- Jugendsprache/Slang
- Vulgärsprache
- Einfacher Satzbau

Verschiedene Sprachregister der mündlichen Alltagssprache

Mündlichkeit

Der Roman orientiert sich nicht an der Schriftsprache, sondern an der mündlichen Alltagssprache. Das reguläre sprachliche Niveau der Standardsprache („Es ging leicht bergauf, und der Lkw brauchte eine halbe Stunde, um uns zu überholen", 221) wird dementsprechend häufig durch Wörter, Ausdrücke und Satzformen durchbrochen, die in der Standardsprache nicht gebräuchlich sind. Dazu zählen vor allem die zahlreichen Elemente der Umgangssprache („Ich hatte den Fuß immer noch voll auf dem Gas", 222) und der Jugendsprache oder selten auch des Dialekts (Ich weiß nicht, „ob der Typ uns ausbremsen wollte oder einfach nur stulle war", ebd.). Sehr auffällig ist auch die große Menge an derben Wörtern und ordinären Ausdrücken aus dem Bereich der Vulgärsprache. Das Kapitel 29, in dem die erste Begegnung der Jugendlichen mit dem Müllmädchen Isa erzählt wird, besteht zu einem großen Teil aus gegenseitigen Beschimpfungen, die ihrerseits wiederholt Begriffe aus dem Bereich der Fäkaliensprache enthalten (vgl. 151 f.).

Elliptische Auslassungen als Stilmittel

Vor allem innerhalb der Dialoge sind die Sätze immer wieder unvollständig („‚Wo drüben?', rief ich", 152; „‚Bei dir auch alles klar?'", 191) und des Öfteren grammatikalisch falsch: „‚Ich weiß nicht, wie es euch geht', sagte ich, ‚aber die ganzen Leute hier, die Zeit – ich meine, der Tod.'" (175)

Weitgehender Verzicht auf Berliner Mundart

Durch den Verzicht auf eine ausgefeilte Literatursprache verstärkt sich beim Leser der Eindruck, mitten im Geschehen zu sein. Dieses Geschehen erstreckt sich räumlich auf Berlin und auf ein Gebiet östlich davon, ohne dass jedoch die städtische oder die regionale Mundart im Vordergrund steht. Wolfgang Herrndorf hat meist darauf verzichtet, seine Romanfiguren den typischen Dialekt der Berliner und der Bewohner von Brandenburg verwenden zu lassen.

Literaturhinweise

Werkausgaben

Herrndorf, Wolfgang: Gesamtausgabe. 3 Bde. Berlin: Rowohlt 2015.

Herrndorf, Wolfgang: Arbeit und Struktur. 3. Aufl. Berlin: Rowohlt 2013.

Herrndorf, Wolfgang: Bilder deiner großen Liebe. Ein unvollendeter Roman. Berlin: Rowohlt 2014.

Sekundärliteratur

Gärtner, Marcus: *Tschick*. Eine Entstehungs- und eine Erfolgsgeschichte. In: Wolfgang Herrndorf: Gesamtausgabe. Bd. 2. S. 741–755.

Lovenberg, Felicitas von: Zum Tod Wolfgang Herrndorfs. Dieses Zuviel ist niemals genug. In: Frankfurter Allgemeine Zeitung, 27. August 2013; http://www.faz.net/aktuell/feuilleton/buecher/zum-tod-wolfgang-herrndorfs-dieses-zuviel-ist-niemals-genug-12549002.html

Möbius, Thomas: Wolfgang Herrndorf, *Tschick*. Textanalyse und Interpretation. Hollfeld: C. Bange 2014.

Passig, Kathrin: Porträt des Künstlers als erfolgloser Autor. In: Wolfgang Herrndorf: Gesamtausgabe. Bd. 1. S. 432–439.

Radisch, Iris: Und Engel gibt es doch. In: Die Zeit, 19. September 2014; http://www.zeit.de/2014/39/wolfgang-herrndorf-roman

Rüther, Tobias: Independence Day. Über das Werk von Wolfgang Herrndorf. In: Wolfgang Herrndorf: Gesamtausgabe. Bd. 3. S. 585–603.

Scholz, Eva-Maria: Wolfgang Herrndorf, *Tschick*. Lektüreschlüssel. Stuttgart: Reclam 2014.

Vorbeck-Heyn, Manja / Schotte, Marcus: Wolfgang Herrndorf. Tschick. Lehrerhandbuch, erweiterte Neuausgabe Stuttgart: Ernst Klett Sprachen 2015.

Prüfungsaufgaben und Lösungen

1 Zwischen Resignation und Illusion: Maik allein zu Hause

2 Die Freunde auf dem Berg: Ein Höhepunkt der Romanhandlung

3 „Die Sonne sah aus wie ein roter Pfirsich in einer Schüssel Milch." – Die Darstellung und Wahrnehmung der Natur in Herrndorfs Roman *Tschick*

4 Maik schreibt ein Gedicht – Eine Szene, die im Roman nicht verwendet wurde

5 Zwei Ich-Erzähler im Vergleich: Maik Klingenberg und Eichendorffs Taugenichts

1 Zwischen Resignation und Illusion: Maik allein zu Hause

Das Kapitel 15, an dessen Ende Tschick in einem „klapprige[n] Auto" (81) vor der Villa der Familie Klingenberg vorfährt, markiert den Übergang von Maiks bisherigem trostlosen Leben zu einer äußerst abwechslungsreichen Reise, an deren Ende der Protagonist völlig verändert ist.

Aufgabenstellung

Untersuche das Kapitel 15 (79–81) im Hinblick auf die innere Verfassung von Maik Klingenberg. Berücksichtige dabei auch die Geschehnisse im Vorfeld des ersten Ferientags, den der Held zu Hause verbringt.

Lösung

Maik Klingenberg ist am ersten Tag der Sommerferien allein zu Hause und fühlt sich inzwischen etwas besser, nachdem er am Vortag, dem letzten Schultag der Klasse 8, endgültig akzeptieren musste, dass er von der Teilnahme an der Geburtstagsfeier seiner Mitschülerin Tatjana Cosic ausgeschlossen ist.

Weder der Vater noch die Mutter sind anwesend: Während der eine zusammen mit seiner Geliebten einen zweiwöchigen Urlaub verbringt, unterzieht sich die andere aufgrund ihrer Alkoholabhängigkeit einer Entzugstherapie in einem Sanatorium. Da Maik den Status eines Außenseiters hat, wird er während der Ferien auch keine Kontakte mit Freunden haben.
Der Vierzehnjährige sieht in dieser Situation einen Anlass, um von der Freiheit und Freizeit zu profitieren, die ihm an diesem Ferientag geschenkt ist. Wenn ihn auch die ausbleibende Einladung zu Tatjanas Party zutiefst bedrückt, so kann er doch damit rechnen, von den Zumutungen der elterlichen Anwesenheit verschont zu bleiben. Seine momentane Unabhängigkeit erlaubt es ihm, im Wohnzimmer laute Musik abzuspielen, bei herrlichem Sommerwetter am Rand des Swimmingpools zu liegen, sich mit Chips und Coca-Cola zu versorgen und sein Lieblingsbuch zu lesen.

Maik sucht sich eine Ersatzwelt in dem autobiographischen Werk des deutschen Seeoffiziers und Schriftstellers Felix Nikolaus Alexander Georg Graf von Luckner (1881–1966), der aufgrund seiner militärischen Erfolge gegen die britische Marine und wegen seiner abenteuerlichen Unternehmungen im Ersten Weltkrieg den Beinamen „Seeteufel" erhielt. Maik sieht in diesem Mann und in dessen verwegenen Taten ein heldisches Vorbild, das ihn von den eigenen eingebildeten Schwächen ablenkt und ihn in eine Phantasiewelt entführt. Ein weiteres Spiel der Phantasie besteht für Maik darin, so zu tun, als sei er „Graf Koks von der Gasanstalt", der „seine Ländereien [sprengt]" (80), während die Schlagzeugerin Meg White und der Gitarrist und Sänger Jack White, Mitglieder des US-amerikanischen Rock-Duos The White Stripes, Maik in seinem „Berliner Domizil" ein Privatkonzert geben. Die Tätigkeit des Rasensprengens und der Umstand, dass ihm dabei niemand zusieht, stehen in einem grotesken Missverhältnis zu den imaginierten Großtaten des Grafen Luckner und zu den Publikumserfolgen der Rockband. Dass der Ich-Erzähler sich der Diskrepanz zwischen Anspruch und Wirklichkeit bewusst ist, zeigt sich in seiner Selbstironie, die beispielsweise die Bewässerung einer Pflanze zum Abschuss einer „Dreißig-Meter-Boden-Boden-Rakete" (81) verklärt.

Die innere Selbstinszenierung des Jungen als einem heldenhaften Soldaten steht auch im Kontrast zu der Unbeholfenheit im Umgang mit der vietnamesischen Haushaltshilfe, der er keine Arbeitsanweisung geben, sondern der er „immer sofort das Staubtuch aus der Hand reißen" (75) will, um selber zu putzen.

Das Missverhältnis zwischen der Vorstellung von der eigenen Größe und den eigenen Minderwertigkeitskomplexen schafft eine Unzufriedenheit, der Maik auf Dauer nicht gewachsen ist. Die Fiktion einer schwülstigen Liebesszene zwischen ihm und der jungen Geliebten seines Vaters, mündet in realen Tränen, die Folge seiner Verzweiflung sind:

> „,O Gott, o Gott!', rief Mona und umklammerte schluchzend meinen Hals. ‚Wie konnte ich nur an dir zweifeln?'
> ‚O Gott, o Gott!', rief ich, und ich presste meine Stirn auf die kalten Fliesen und krümmte mich auf dem Boden und heulte noch ungefähr eine halbe Stunde lang." (73)

2 Die Freunde auf dem Berg: Ein Höhepunkt der Romanhandlung

Berge sind in dem Roman *Tschick* ein wiederkehrendes Motiv. Sieht man einmal von den Müllbergen ab, auf denen Isa haust, so sind Erhebungen in der Landschaft fast immer mit positiven Wahrnehmungen und Erlebnissen verbunden, so etwa, als Maik und Tschick auf einer Bergwiese den Sommertag und in der Nacht den grandiosen Blick ins All genießen (vgl. 119–122). Der Aufenthalt von Maik, Tschick und Isa auf dem Gipfel eines sehr hohen Berges (vgl. 173) markiert in vielerlei Hinsicht einen Höhepunkt innerhalb der Romanhandlung.

Aufgabenstellung

Untersuche das Kapitel 34 (173–177) im Hinblick auf die besondere Bedeutung, die diese Szene innerhalb der Erzählung besitzt.

Lösung

Zur Vorgeschichte:
Der Berg ist Teil einer „riesige[n] Bergkette [...], [u]ngeheuer hoch und mit Steinzacken obendrauf“ (165). Ohne zu wissen, wo sie eigentlich sind, rasten Maik, Tschick und Isa in einer Schlucht an einem See. Dort nehmen die Jugendlichen ein Bad, bevor sie „[mit] Blick auf Berge und Täler im Abendnebel“ (168) miteinander ins Gespräch kommen. Am Morgen des folgenden Tages schneidet Maik der halbnackten Isa die Haare und verweigert sich ihren Verführungsversuchen, genießt aber das intime Beisammensein mit dem Mädchen über alle Maßen.

Zum Inhalt von Kapitel 34:
Die Jugendlichen machen sich erst im Auto und dann zu Fuß auf den Weg zum Gipfel des Berges, den sie vom See aus „die ganze Zeit“ (173) im Blick hatten. Auf der Spitze entdecken sie „ein riesiges Holzkreuz“ in der Nähe einer „kleine[n] Hütte“ (ebd.), deren Holzwand mit „Buchstaben und Zahlen“ aus einer fernen Zeit bedeckt ist. Tschick ergänzt die Schnitzereien um die Initialen der drei Freunde. Als Maik angesichts der Inschriften von Menschen, die längst tot sein dürften, den Begleitern seine trübsinnigen Gedanken über die Vergänglichkeit der Zeit und des Lebens mitteilt, vereinbaren die drei, sich „in fünfzig Jahren“ am „17. Juli, um fünf Uhr nachmittags, 2060“ (175) auf der Bergspitze wiederzutreffen. Nach dem Abstieg verlässt Isa die beiden Jungen, um spontan in einem Reisebus zu ihrer Halbschwester nach Prag zu fahren.

Analyse:
Die Szene umfasst den mühsamen Aufstieg auf den Berg, den dortigen Aufenthalt und schließlich den Abstieg zurück zu dem Parkplatz, auf dem der Lada steht.
Das vertraute Zusammensein des Ich-Erzählers mit Isa (Kap. 33) endet noch am selben Tag nach der Rückkehr von der Bergspitze zum Parkplatz abrupt mit dem Verschwinden des Mädchens (Kap. 34).

Der erotisch aufgeladenen Situation zwischen Maik und Isa (Kap. 33) folgt auf dem Berggipfel die melancholische Besinnung auf die Endlichkeit des Menschen und seiner Existenz.

Das Ziel des Aufstiegs bringt die Protagonisten in eine Position zwischen Himmel und Erde und bietet ihren Augen ein wunderschönes Panorama „wie auf ganz tollen Postkarten“ (173).
Das „riesige Holzkreuz“ (ebd.) auf der Spitze des Berges symbolisiert den Tod, bezeichnet zugleich aber auch nach christlichem Glaubensverständnis die Hoffnung auf ein Weiterleben. Die aus ferner Vergangenheit stammenden „[u]ralte[n] Buchstaben in uraltem, dunklem Holz“ stehen in einem Kontrast zu dem gegenwärtigen Eindruck von der Fülle des Lebens: „[D]azu der Ausblick auf die Berge und die heiße Sommerluft und ein Geruch von Heu, der aus dem Tal hochwehte.“ (174)
Die im Gegensatz zu dem übergroßen Kreuz lediglich kleine Hütte auf dem Gipfel des Berges bietet einen bloß geringen Schutzraum vor der Übermacht des Schicksals. Die Inschriften aus Namen und Daten auf der Wand der Behausung fungieren als Fetisch gegen die Auslöschung der menschlichen Existenz und gegen das Vergessen.

Angesichts der vielen Inschriften auf der Holzhütte konzentriert sich Maik auf die älteste unter ihnen („Anselm Wail 1903“, 174), fixiert sich auf den Tod des Unbekannten, spekuliert über dessen Schicksal und verallgemeinert diesen individuellen Tod im Gedanken an die grundsätzliche Nichtigkeit des Daseins:

> „Seine Familie war auch tot, seine Eltern waren tot, seine Kinder waren tot, alle, die ihn gekannt hatten, waren ebenfalls tot. Und wenn er irgendwas in seinem gemacht oder gebaut oder hinterlassen hatte, war es wahrscheinlich auch tot, zerstört, von zwei Weltkriegen verwüstet […].“ (174)

Als Gegenmaßnahme gegen die eigene Resignation angesichts der Vergänglichkeit entwirft Maik ein Projekt für die Zukunft: Ein Schwur verpflichtet die drei zu einem Wiedertreffen in fünfzig Jahren. Dieser Eid ist ein Ritual, mit dem die Vierzehnjährigen sich der Hoffnung darauf vergewissern, dass ihr Leben eine Zukunft und einen Sinn hat.

3 „Die Sonne sah aus wie ein roter Pfirsich in einer Schüssel Milch.“ – Die Darstellung und Wahrnehmung der Natur in Herrndorfs Roman *Tschick*

Immer wieder tauchen in dem Roman Naturbilder von starker Eindringlichkeit auf, so dass man annehmen darf, dass sie für den Ich-Erzähler Maik Klingenberg eine große persönliche Bedeutung haben. Vor allem in den Kapiteln 21 (110–112) und 42 (217–220) scheint es, als sei die Landschaft nicht nur Kulisse, sondern eine weitere Hauptfigur der Handlung.

Aufgabenstellung

Untersuche die beiden Kapitel im Hinblick auf Gemeinsamkeiten und Besonderheiten der Naturdarstellung sowie in Bezug auf den Einfluss, den die Naturerlebnisse auf Maiks Denken und Fühlen haben.

Lösung

Kapitel 21 erzählt vom ersten Tag der Reise der beiden Protagonisten, an dem sie von einem heftigen Unwetter überrascht werden.
Der Ich-Erzähler beschreibt wie bei einem Bild die Szenerie, die sich ihm und seinem Freund Tschick während eines Aufenthaltes am Rand eines Weizenfelds bietet: „Sattgrün und steil abfallend erstreckte sich eine Kuhweide vor uns und gab den Blick frei auf endlose Felder, Baumgruppen und kleine Straßen, Hügel und Hügelketten und Berge und Wiesen und Wald.“ (111) Der Leser spürt die Faszination, die für Maik in dieser Erweiterung des Blicks von der Weide auf die ferne Landschaft ausgeht.
Während der Fahrt zuvor kündigen das Verschwinden der „Sonne hinter dunklen Wolken“ (110) und erste große Regentropfen einen Wechsel des bislang schönen Sommerwetters an. Sind es zunächst nur „zwei Regentropfen“ (ebd.), so fallen etwas später noch ein „dritter“ und dann ein „vierter Regentropfen“ auf die Windschutzscheibe des Lada, ohne dass dies wirklich alarmierend wäre. Sind also die Anzeichen für ein aufkommendes Unwetter zunächst noch nicht allzu sehr spürbar („Wind kam auf, der Wind legte sich wieder“, ebd.), so verschlechtert sich die Wetterlage zunehmend: „Tschick fuhr schneller, hohe Bäume bogen sich unter dem Wind, und plötzlich zerrte eine Böe unser Auto fast auf die andere Straßenseite.“ (Ebd.) Auf dem Höhepunkt seiner Geschwindigkeit bringt der Sturm sogar eine Kuh zum Fallen, bevor er „so plötzlich auf[hörte], wie er gekommen“ (111) ist.
Die Dramatik des Naturschauspiels äußert sich zugleich in der Gestalt und in der Bewegung der Wolken, die sich „[a]uf dem Horizont türmten“ (ebd.), wäh-

rend „[k]leinere, hellere Wolken […] unter den schwarzen hindurchflogen", bis schließlich die Bedrohung unmittelbar wird: „Die Wolken hoben sich und kamen wie eine Walze auf uns zu." (Ebd.) In dem Moment, in dem unvermittelt Windstille eintritt, bricht ein extrem starker Gewitterregen los. Die unheimliche Atmosphäre, die das Unwetter erzeugt, wird noch durch die Dunkelheit mitten an einem hellen Nachmittag verstärkt: „[…] es wurde finster wie die Nacht." (Ebd.)

Eine abgelegene und menschenleere Region, Totenstille und zunehmende Dunkelheit kennzeichnen auch die Ereignisse, die in Kapitel 42 berichtet werden. Maik und Tschick sind soeben aus dem Krankenhaus geflohen und machen sich wieder in ihrem Geländewagen auf den Weg zu einem unbekannten Ziel: Wie die Reise in ein Totenreich wirkt die Weiterfahrt durch die „schattenhafte Welt", wo der „letzte Lichtschein" vom Horizont verschwindet und die „mondlose Nacht" (217) den Ich-Erzähler an ein nächtliches Kindheitserlebnis erinnert. Als acht- oder neunjähriges Kind war er beim abendlichen Spiel mit einem Mädchen namens Maria von dem wütenden alten Hundebesitzer Klever aus dem Gerstenfeld vertrieben worden, in dem die beiden Kinder sich ein eigenes Labyrinth geschaffen hatten.

Das Motiv des Labyrinths im Feld taucht übrigens schon in Kapitel 21 auf, in dem erzählt wird, dass Tschick das Fahrzeug auf ein Feld lenkt, wo „der Kühler das Meer aus gelbem Weizen" zerteilt, bis Maik ihm vorschlägt, ihre „Namen in den Weizen zu schreiben". Sie brechen aber die Umsetzung dieses Vorhabens ab, weil sie „nicht richtig über die Halme hinaussehen" (110) können und „[s]chon beim Querbalken vom T […] die Übersicht" (111) verlieren.

Auf der Flucht vor Klever hatten die Kinder sich aus den Augen verloren, so dass Maik allein blieb und immer weiter fortrannte, bis er auf einmal ein Gefühl vollkommener Freiheit hatte: „Und plötzlich gefiel mir das ganz gut, wie ich da durch diese dunkle, menschenleere Welt lief, ich wusste überhaupt nicht mehr, ob ich noch Angst hatte oder nicht, und ich dachte gar nicht mehr an Klever." (218f.)
Er empfindet diesen einsamen Lauf durch die Nacht als besonders erinnerungswürdig, weil er sich damals in der Natur aufgehoben und befreit fühlte, obwohl er sich als Kind unter normalen Umständen vor der unbekannten nächtlichen Welt hätte fürchten müssen.

Im Gegensatz zu dem damaligen Gefühl einer inneren Distanz zu den Dingen verfällt der inzwischen vierzehnjährige Maik aber nun in einen Zustand der Traurigkeit, der ihn sehr belastet. Während er den Lada weiter „durch die blaugrünen Kornfelder des Sommers" (219) steuert, gelangt er an einen Punkt, an dem er schwermütig wird, weil er keine innere Antriebskraft mehr hat. Er

stoppt das Fahrzeug und betrachtet versunken die Umgebung. Die unerwartete Zeitform des Präsens, die der Ich-Erzähler für die Wiedergabe seiner Eindrücke verwendet, intensiviert dabei die Unmittelbarkeit des Erlebens: „Im Dunkeln liegt das Land, liegen Wiese und Wege, und wir stehen vor einer großen Ebene, auf der in der Ferne der schwarze Umriss eines Bauernhofs zu sehen ist." (219 f.)
Das „grüne Licht", das er dort in einem „kleinen Fenster" leuchten sieht, erinnert ihn an die Zeit, als er von seinem Indianerturm auf einem Berliner Spielplatz aus sehnsüchtig zu den beiden Mietshäusern blickte, in denen er Tatjanas Zimmer vermutete (vgl. 66 f.). Das vergebliche Verlangen nach Liebe lässt Maik in diesem Moment resignieren. Der Satz „Ich kann nicht mehr" (220) bedeutet die vorübergehende Aufgabe der Hoffnung. Diesem inneren Stillstand setzt aber Tschick die freundschaftliche Aufforderung zur Fortsetzung der Reise entgegen, indem er sagt: „Wir müssen weiter." (Ebd.)

In den beiden Kapiteln erscheint die Natur als etwas, das den Menschen in Gefahr bringen kann, wenn ein unvermutetes Unwetter auf ihn zukommt. Doch auch, wenn sich die Natur in ihrer großartigen Schönheit zeigt, kann der Mensch nicht nur – wie der kleine Maik – das märchenhafte Glück der Einheit von Mensch und Welt erfahren, sondern auch zutiefst verstört werden und an sein Ende denken.

4 Maik schreibt ein Gedicht – Eine Szene, die im Roman nicht verwendet wurde

In Wolfgang Herrndorfs Tagebuch *Arbeit und Struktur* findet sich das Kapitel „Outtake: Tschick" (3. Aufl., Berlin: Rowohlt 2013, S. 165–169). Dabei handelt es sich um eine Episode, die in der endgültigen Romanfassung nicht verwendet wurde.

Einmal sollten wir ein Gedicht schreiben. Da hatten wir monatelang Gedichte gelesen und analysiert, Goethe, Schiller, Hebbel, so die Richtung, und das sollte jetzt weitergehen mit modern. Nur dass modern keiner mehr verstand. Einer hieß Celan und ein anderer Bachmann, da hätte man Simultandolmetscher gebraucht.
„Lyrik ist die Sprache der Gefühle", hat Kaltwasser uns immer wieder klargemacht, und wer das in seinen Aufsatz schrieb, hatte schon mal eine Drei sicher. Nur dass einem das bei diesem Celan auch nicht weiterhalf, und das Ganze endete damit, dass Kaltwasser fragte, wer denn schon mal selbst so was probiert hätte. Ein Gedicht schreiben. Keiner natürlich.
„Das ist nichts, wofür man sich schämen muss", sagte Kaltwasser und wartete.
Zwei Mädchen meldeten sich, Natalie relativ schnell, und Marie erst, nachdem sie rot geworden war.
„Mehr nicht?", fragte Kaltwasser, und dann meldete sich André. André Langin. Der schöne André. Hätt ich fast gekotzt. Und das Schlimmste war: Das brachte die Festung zum Einsturz. Nachdem André sich gemeldet hatte, meldete sich nach und nach fast die Hälfte der verblödeten Mädchen, die alle schon mal „na ja, so was, was sich reimt" gemacht hatten, und noch zwei Jungs. […]
Aus irgendwelchen Gründen hatte ich die Hausaufgabe am nächsten Tag aber vergessen, und als Kaltwasser dann tatsächlich jeden Einzelnen der Reihe nach aufgerufen hat, hab ich mich erst mal auf Toilette verabschiedet. Mit Zettel und Füller. Und da saß ich dann auf dem Klodeckel und dachte, hau ich halt schnell einen Vierzeiler zusammen. Was strategisch unklug war, weil ich auf diese Weise ja das Gedicht von Tatjana verpasste, und wenn mich eins auf der Welt interessierte, dann, wie Tatjanas Sprache der Gefühle aussah. Wäre ich also besser in der Klasse sitzen geblieben und hätte einen Eintrag kassiert. Aber, wie gesagt, das fiel mir zu spät ein auf dem Klo. Und dann wusste ich auch nicht, was ich überhaupt schreiben sollte. Sprache der Gefühle. Ich hatte schon seit Monaten nur noch ein einziges Gefühl gehabt. Und so hab ich dann auch angefangen. *Ich kann an gar nichts anderes denken*, erste Zeile. Und schon bei Zeile zwei war ich mächtig am Schwimmen. Tatjana, param, param, mein Herz, hier fehlt ein Wort, param, irgendwas mit schenken. Herz schenken, Geschenk schenken. Oh Mann.
Wenn man über Liebe und so was schreiben will, sollte man wahrscheinlich schon länger darüber nachdenken als fünf Minuten auf dem Schulklo. Hat Goethe bestimmt auch gemacht. Außerdem hatte ich nicht wirklich vor, ein Gedicht über Tatjana zuschreiben. Aber wenn nicht über Tatjana, worüber dann? Eins über mich? Über die Natur? Über das Klo? Türken? Auschwitz? Mir fiel nur Quark ein. *Ich liebe dich, du blöde Sau, während ich ins Jungsklo schau.* Nee, nee. Vielleicht doch besser harmlos machen die Sache – wie hieß das noch? Metaphorisch, genau. Einfach die Liebe weglassen und

über die Landschaft reden. Und am Ende stellt sich raus, es ist gar keine Landschaft gemeint, sondern Frau von Stein. *Der Winter kommt. Die Luft ist kalt. Ich hab kein Schal, Herr Rechtsanwalt.* Nein.

Als ich in die Klasse zurückkam, hatten schon fast alle gelesen. Die Reihe war an meinem Platz längst vorbei, und nur die zwei hinteren Bänke kamen noch. Den größten Erfolg hatten Jungen, die die Wörter „Scheiße" und „Arsch" in ihren Gedichten untergebracht hatten. Wobei „Arsch" das Schwierigste zu sein schien, quasi Königsdisziplin. Da spielte gleich in zwei Gedichten von der letzten Bank irgendein Fluss die Hauptrolle, damit nämlich ein Barsch in dem Fluss schwimmen konnte. Und was war das für eine Begeisterung am Ende, wenn das Reizwort kam! Nur Kaltwasser mochte es nicht so.

Die Stunde war fast um, und ich hoffte schon, nicht mehr dranzukommen. War aber leider nicht so. Kaltwasser setzte ein feines Lächeln auf, überblickte die ganze Klasse und sagte: „Unser Freund Maik Klingenberg. Dann lies doch mal vor, was du da in fünf Minuten über dem Urinal zusammengekritzelt hast. Wenn's Versmaß stimmt, mach ich nicht mal einen Eintrag."

Immer dieses Problem mit den Erwachsenen. Einerseits blicken sie's oft nicht. Aber dann blicken sie's wieder. Kaltwasser blickte es meistens. Ich packte meinen Zettel aus und las. „Ich liebe dich –„

„Ich liebe dich? Was? Lauter!", rief Kaltwasser.

„Ich liebe dich.
Und ganz egal.
Der Winter kommt.
Ein warmer Schal
Ist besser als ein kalter.
Ich bin zu hässlich für mein Alter.

Du bist zu schön.
Und das vergeht.
Das ist nicht neu.
Nichts bleibt, nichts steht.
Ein Lada steht im Parkverbot.
In hundert Jahren sind wir tot."

„Soso. Wir können schon Ironie", sagte Kaltwasser. „Na – das hätte Goethe in fünf Minuten auch nicht besser hingekriegt."

Anmerkungen zum Text:

Celan: Paul C. (1920–1970), deutscher Lyriker; Bachmann: Ingeborg B. (1926–1973), österreichische Schriftstellerin; Charlotte von Stein (1772–1827) war eine langjährige enge Freundin und möglicherweise auch Geliebte von Johann Wolfgang von Goethe.

Aufgabenstellung

Fasse den Inhalt des Kapitels zusammen und stelle dar, vor welche Probleme sich Maik Klingenberg und seine Mitschüler durch die Aufgabe des Deutschlehrers gestellt sehen und wie sie diese Probleme zu lösen versuchen. Äußere dich dann zu dem Gedicht, das Maik Klingenberg unter Hochdruck verfasst hat, indem du die Besonderheiten des merkwürdigen Textes herausarbeitest und erläuterst.

Lösung

Wie die meisten anderen Kapitel in *Tschick* ist auch dieses eine in sich geschlossene Episode innerhalb der Romanhandlung. Der Text erzählt aus der Rückschau des Ich-Erzählers von einem einzelnen Unterrichtsereignis: Der Deutschlehrer Kaltwasser fordert die Schülerinnen und Schüler der Klasse auf, bis zur nächsten Unterrichtsstunde ein eigenes Gedicht zu verfassen. Auf seine Frage, wer von den Jugendlichen bereits einmal ein Gedicht geschrieben habe, melden sich nach einigem Zögern einige, die behaupten, sich bereits einmal in der „Sprache der Gefühle" versucht zu haben.
Da Maik in der Folgestunde kein eigenes Gedicht vorlegen kann, verlässt er den Klassenraum und versucht auf der Toilette ein paar Zeilen zu verfassen. Obwohl er nicht weiß, zu welchem Thema er ein Gedicht schreiben soll, gelingt es ihm schließlich doch noch, ein paar Verse zusammenzustellen, die er dann kurz vor Ende der Deutschstunde vorliest.

Nicht nur Maik, sondern auch die anderen Jungen in seiner Klasse fühlen sich durch die Aufgabe, ein eigenes Gedicht zu erstellen, überfordert. Sie sind es vermutlich nicht gewohnt, ihre persönlichen Gefühle in der Form eines lyrischen Textes vorzutragen, und dies auch noch vor den Mitschülern. Sie haben natürlich Angst davor, ihr Gesicht zu verlieren, wenn sie Einblick in ihr Inneres und in ihre seelische Verfassung gewähren. Der Schutzpanzer des (männlichen) Rollenspiels, den sie um sich herum aufgebaut haben, könnte in diesem Moment zerstört werden und sie der Lächerlichkeit preisgeben.
Dass der Mädchenschwarm André Langin trotz dieses Risikos behauptet, bereits einmal ein Gedicht geschrieben zu haben, hängt wohl damit zusammen, dass er durch sein extravagantes Selbstbekenntnis in der Achtung der Mitschülerinnen steigt. Für den Außenseiter Maik Klingenberg gilt das nicht, denn er schätzt sich selbst als sehr gering ein. Daher greift er zu einer ähnlichen Strategie wie andere Jungen aus seiner Klasse, die sich durch alberne Reime in die Deckung zurückziehen und durch möglichst vulgäre Verse den Respekt der anderen bewahren wollen. Grundsätzlich jedoch unterscheidet sich Maiks ‚Gekritzel' von den übrigen derben Gedichten, so dass sogar der Lehrer ihm eine gewisse Anerkennung ausspricht.

Maiks Text – eine Mischung aus Liebes-, Natur- und Gedankenlyrik – wirkt zwar ebenfalls witzig, zeigt jedoch in der unbeholfenen Addition von einfachen Aussagesätzen eine gewisse Tiefe. Das Gedicht ist als Ausdruck seiner pessimistischen Grundstimmung voller Lebensernst, Liebessehnsucht und Melancholie. Es thematisiert Maiks Konflikt zwischen der Liebe zu einem namentlich nicht genannten Mädchen („Ich liebe dich") und dem Gefühl der eigenen Unzulänglichkeit („Ich bin zu hässlich für mein Alter") angesichts der körperlichen Vollkommenheit der geliebten Person („Du bist zu schön"). Mit der lakonischen Feststellung der Endlichkeit des Lebens („Nichts bleibt, nichts steht") wird auch deutlich, dass dieser Konflikt nur vorübergehend sein kann.
Maiks Text nimmt außerdem Ereignisse vorweg, die erst in der Zeit nach dem Gedichtvortrag eintreten werden. So ist etwa von einem „Lada […] im Parkverbot" ebenso die Rede wie von der Gewissheit des Todes, die den Ich-Erzähler während der Autofahrt wiederholt beschäftigen wird.

5 Zwei Ich-Erzähler im Vergleich: Maik Klingenberg und Eichendorffs Taugenichts

Im Jahre 1826 veröffentlichte der Schriftsteller Joseph Freiherr von Eichendorff (1788–1857) unter dem Titel *Aus dem Leben eines Taugenichts* eine romantische Novelle, die von einem jungen Mann handelt, der fröhlich in die Welt aufbricht und nach vielen Abenteuern die Liebe seines Lebens heiratet. Auch Maik Klingenberg, die Hauptgestalt aus dem Roman *Tschick* (2010), findet am Ende einer abenteuerlichen Reise sein Glück. Doch sind die Ausgangsbedingungen seines Aufbruchs aus dem Elternhaus ganz andere als die in dem fast 200 Jahre zuvor entstandenen Text.

Aufgabenstellung

Vergleiche den nachfolgenden Beginn von Eichendorffs Erzählung (zit. nach: Joseph von Eichendorff, *Aus dem Leben eines Taugenichts*. Studienausgabe, hrsg. von Harry Fröhlich, Stuttgart: Reclam 2012, S. 7–9; Text des Erstdrucks von 1826) mit dem Roman von Wolfgang Herrndorf im Hinblick auf Gemeinsamkeiten und Unterschiede.

Erstes Kapitel.

Das Rad an meines Vaters Mühle brauste und rauschte schon wieder recht lustig, der Schnee tröpfelte emsig vom Dache, die Sperlinge zwitscherten und tummelten sich dazwischen; ich saß auf der Thürschwelle und wischte mir den Schlaf aus den Augen, mir war so recht wohl in dem warmen Sonnenscheine. Da trat der Vater aus dem Hause; er hatte schon seit Tagesanbruch in der Mühle rumort und die Schlafmütze schief auf dem Kopfe, der sagte zu mir: „Du Taugenichts! da sonnst Du Dich schon wieder und dehnst und reckst Dir die Knochen müde und läßt mich alle Arbeit allein thun. Ich kann Dich hier nicht länger füttern. Der Frühling ist vor der Thüre, geh auch einmal hinaus in die Welt und erwirb Dir selber Dein Brodt." – „Nun", sagte ich, „wenn ich ein Taugenichts bin, so ist's gut, so will ich in die Welt gehen und mein Glück machen." Und eigentlich war mir das recht lieb, denn es war mir kurz vorher selber eingefallen, auf Reisen zu gehn, da ich den Goldammer, der im Herbst und Winter immer betrübt an unserm Fenster sang: „Bauer, mieth' mich, Bauer, mieth' mich!" nun in der schönen Frühlingszeit wieder ganz stolz und lustig vom Baume rufen hörte: „Bauer, behalt Deinen Dienst!" – Ich ging also in das Haus hinein und holte meine Geige, die ich recht artig spielte, von der Wand, mein Vater gab mir noch einige Groschen Geld mit auf den Weg, und so schlenderte ich durch das lange Dorf hinaus. Ich hatte recht meine heimliche Freud', als ich da alle meine alten Bekannten und Kammeraden rechts und links, wie gestern und vorgestern und immerdar, zur Arbeit hinausziehen, graben und pflügen sah, während ich so in die freie Welt hinausstrich. Ich rief den armen Leuten nach allen Seiten stolz und zufrieden Adjes zu, aber es kümmerte sich eben keiner sehr darum. Mir war es wie ein ewiger Sonntag im Gemüthe. Und als ich endlich ins freie Feld hinaus kam, da nahm ich meine liebe Geige vor, und spielte und sang, auf der Landstraße fortgehend:

Wem Gott will rechte Gunst erweisen,
Den schickt er in die weite Welt,
Dem will er seine Wunder weisen
In Berg und Wald und Strom und Feld.

Die Trägen, die zu Hause liegen,
Erquicket nicht das Morgenroth,
Sie wissen nur vom Kinderwiegen,
Von Sorgen, Last und Not um Brodt.

Die Bächlein von den Bergen springen,
Die Lerchen schwirren hoch vor Lust,
Was sollt ich nicht mit ihnen singen
Aus voller Kehl' und frischer Brust?

Den lieben Gott laß ich nur walten;
Der Bächlein, Lerchen, Wald und Feld
Und Erd und Himmel will erhalten,
Hat auch mein' Sach' auf's Best bestellt!

Indem, wie ich mich so umsehe, kömmt ein köstlicher Reisewagen ganz nahe an mich heran, der mochte wohl schon einige Zeit hinter mir drein gefahren seyn, ohne daß ich es merkte, weil mein Herz so voller Klang war, denn es ging ganz langsam, und zwei vornehme Damen steckten die Köpfe aus dem Wagen und hörten mir zu. Die eine war besonders schön und jünger als die andere, aber eigentlich gefielen sie mir alle beide. Als ich nun aufhörte zu singen, ließ die ältere still halten und redete mich holdselig an: „Ei, lustiger Gesell, Er weiß ja recht hübsche Lieder zu singen." Ich nicht zu faul dagegen: „Ew. Gnaden aufzuwarten, wüßt' ich noch viel schönere.» Darauf fragte sie mich wieder: «Wohin wandert Er denn schon so am frühen Morgen?» Da schämte ich mich, daß ich das selber nicht wußte, und sagte dreist: „Nach W."; nun sprachen beide miteinander in einer fremden Sprache, die ich nicht verstand. Die jüngere schüttelte einigemal mit dem Kopfe, die andere lachte aber in einem fort und rief mir endlich zu: „Spring Er nur hinten mit auf, wir fahren auch nach W." Wer war froher als ich! Ich machte einen Reverenz und war mit einem Sprunge hinter dem Wagen, der Kutscher knallte, und wir flogen über die glänzende Straße fort, daß mir der Wind am Hute pfiff.
Hinter mir gingen nun Dorf, Gärten und Kirchthürme unter, vor mir neue Dörfer, Schlösser und Berge auf; unter mir Saaten, Büsche und Wiesen bunt vorüberfliegend, über mir unzählige Lerchen in der klaren blauen Luft – ich schämte mich, laut zu schreien, aber innerlichst jauchzte ich und strampelte und tanzte auf dem Wagentritt herum, daß ich bald meine Geige verloren hätte, die ich unterm Arme hielt. Wie aber denn die Sonne immer höher stieg, rings am Horizont schwere weiße Mittagswolken aufstiegen, und alles in der Luft und auf der weiten Fläche so leer und schwül und still wurde über den leise wogenden Kornfeldern, da fiel mir erst wieder mein Dorf ein und mein Vater und unsere Mühle, wie es da so heimlich kühl war an dem schattigen

Weiher, und daß nun alles so weit, weit hinter mir lag. Mir war dabei so kurios zu Muthe, als müßt' ich wieder umkehren; ich steckte meine Geige zwischen Rock und Weste, setzte mich voller Gedanken auf den Wagentritt hin und schlief ein.

Anmerkungen zum Text:
Goldammer: Singvogel, im älteren Sprachgebrauch oft Maskulinum; Adjes: Eindeutschung von frz. „Adieu"; Reverenz: Verbeugung, im älteren Sprachgebrauch Maskulinum

Lösung

Zu den Gemeinsamkeiten:

- In beiden Erzählungen berichtet ein jugendlicher Ich-Erzähler von einem Ausbruch aus den engen Grenzen einer zwar insgesamt zufriedenstellenden materiellen, zugleich aber problematischen familiären Situation und von einem freudigen Aufbruch in eine unbekannte Welt.
- So wie der Taugenichts der väterlichen Ausweisung aus der heimatlichen Umgebung sehr gerne gehorcht, lässt sich Maik ohne großen Widerstand von seinem neuen Freund Tschick zu einer gemeinsamen Fahrt durch die ostdeutsche Provinz motivieren.
- Beide Helden genießen die Durchquerung einer nur spärlich besiedelten Landschaft und erfreuen sich an der Schönheit der sommerlichen Natur, während sie zugleich musizieren und singen (Taugenichts) oder Musik aus einem Kassettenrecorder hören (Maik).
- Die neue Freiheit löst bei ihnen Glücksgefühle bis hin zur Euphorie aus, die nur vorübergehend durch die Rückbesinnung auf die Familie gemindert wird.
- Beide Protagonisten erleben die Reise als einen persönlichen Zustand der inneren Harmonie zwischen Wunsch und Wirklichkeit.

Zu den Unterschieden:

- Der namenlose Held in Eichendorffs Novelle *Aus dem Leben eines Taugenichts* und Maik Klingenberg in Herrndorfs Roman *Tschick* leben zu völlig unterschiedlichen Zeiten (Anfang des 19. Jahrhunderts / Anfang des 21. Jahrhunderts) und in ganz verschiedenen Orten (Dorf / Großstadt Berlin).
- Während der eine aufgrund seines mangelnden Arbeitswillens von seinem Vater, einem fleißigen Handwerker, aufgefordert wird, in die Welt zu ziehen und sich seinen Lebensunterhalt selbst zu verdienen, verlässt der andere das Elternhaus für eine lediglich begrenzte Urlaubszeit, obwohl er eigentlich die Villa für die Dauer der Abwesenheit seiner Eltern versorgen soll.
- Der Taugenichts verabschiedet sich von den Dorfbewohnern, Maik hingegen verlässt die Großstadt heimlich bei Tagesanbruch in einem gestohlenen Pkw.

- Eichendorffs junger Held ruht – trotz seines in der Romantik freilich nicht ganz so abwertenden, sondern eher im Sinne von ‚Nichtsnutz' verwendeten Beinamens – von Anfang an in sich selbst und ist voller Zuversicht. Im Gegensatz zu dieser Hochstimmung zeigt sich Maik zu Beginn der Reise stark verunsichert und ohne Selbstwertgefühl. Beide Figuren unterscheiden sich völlig im Hinblick auf ihr jeweils positives bzw. negatives Verhältnis zur Welt und zu sich selbst.
- Anders als der Taugenichts, der sich aus der bürgerlichen Gesellschaft verabschiedet, vertraut Maik nicht auf eine übernatürliche Instanz, der er sein Leben überantwortet. Er verlässt sich nicht auf ein gottgegebenes Schicksal, sondern er handelt, um zu beweisen, dass er weder langweilig noch feige ist. Seinem Willen zur Selbstbehauptung steht das grenzenlose Vertrauen des fröhlichen und selbstbewussten Taugenichts in den Lauf der Zeit gegenüber.
- Der Taugenichts wird von zwei jungen und schönen Damen angesprochen, die ihn zur Mitfahrt in ihrer Kutsche einladen, weil sie ihn offenbar besonders sympathisch und interessant finden. Maik hingegen hat ein gebrochenes Verhältnis zu Mädchen, die ihn zwar faszinieren, ihrerseits jedoch kein Interesse an ihm zu zeigen scheinen. In Isa begegnet er einer weiblichen Person, die sich erst auf den zweiten Blick als feminin und attraktiv erweist.

Stichwortverzeichnis